Rainald Manthe
Demokratie fehlt Begegnung

X-Texte zu Kultur und Gesellschaft

Editorial

Das vermeintliche »Ende der Geschichte« hat sich längst vielmehr als ein Ende der Gewissheiten entpuppt. Mehr denn je stellt sich nicht nur die Frage nach der jeweiligen »Generation X«. Jenseits solcher populären Figuren ist auch die Wissenschaft gefordert, ihren Beitrag zu einer anspruchsvollen Zeitdiagnose zu leisten.

Die Reihe X-TEXTE widmet sich dieser Aufgabe und bietet ein Forum für ein Denken ›für und wider die Zeit‹. Die hier versammelten Essays dechiffrieren unsere Gegenwart jenseits vereinfachender Formeln und Orakel. Sie verbinden sensible Beobachtungen mit scharfer Analyse und präsentieren beides in einer angenehm lesbaren Form.

Rainald Manthe, geb. 1987, ist Soziologe und Autor. Er war Direktor des Programms »Liberale Demokratie« beim Think-Tank »Zentrum Liberale Moderne«. Rainald Manthe hat über transnationale Treffen sozialer Bewegungen – die Weltsozialforen – promoviert und schreibt regelmäßig zu Fragen der Demokratieentwicklung.

Rainald Manthe

Demokratie fehlt Begegnung

Über Alltagsorte des sozialen Zusammenhalts

[transcript]

Bibliografische Information der Deutschen Nationalbibliothek
Die Deutsche Nationalbibliothek verzeichnet diese Publikation in der Deutschen Nationalbibliografie; detaillierte bibliografische Daten sind im Internet über https://dnb.dnb.de/ abrufbar.

transcript Verlag | Hermannstraße 26 | D-33602 Bielefeld | live@transcript-verlag.de

Umschlaggestaltung: Kordula Röckenhaus, Bielefeld
Umschlagabbildung: Lena Braatz
Lektorat: Lukas Daubner und Martha Scheifel
Korrektorat: Hannah Bultmann
Druck: Druckhaus Bechstein GmbH, Wetzlar
https://doi.org/10.14361/9783839471418
Print-ISBN: 978-3-8376-7141-4
PDF-ISBN: 978-3-8394-7141-8
EPUB-ISBN: 978-3-7328-7141-4
Buchreihen-ISSN: 2364-6616
Buchreihen-eISSN: 2747-3775

Gedruckt auf alterungsbeständigem Papier mit chlorfrei gebleichtem Zellstoff.

Inhalt

Vorwort

Anfang 2024: Deutschland steht auf. Gegen Rechtsextreme und ihre Parteien, gegen Deportationsfantasien eines Teils der Bevölkerung, für die offene Gesellschaft. Die Demonstrationsmeldungen reißen kaum ab. Es ist, als seien die Menschen erwacht, nachdem das Rechercheportal Correctiv gezeigt hat, wie konkret die Fantasien für ein anderes, ein dunkleres Deutschland sind.

Und alle fragen sich: Was tun? Demonstrationen sind wichtig, sie schaffen Sichtbarkeit, sie motivieren Menschen, sie zeigen Zusammengehörigkeit. Aber sie liefern noch keine Antworten auf die großen Veränderungen, die unsere Demokratien gerade durchlaufen. Wie verändert sich Demokratie? Welchen Einfluss haben soziale Medien, welche Desinformationen, welche die Veränderungen der Weltlage? Und wie kann man unter diesen Umständen Demokratie erhalten und weiterentwickeln?

Dieses Buch möchte einen Anstoß liefern, sich mit einer Variable auseinanderzusetzen: Der Veränderung unserer Begegnungen. Denn: Damit eine Demokratie funktioniert, müssen die meisten (nicht alle) Mitglieder einander als legitime Mitglieder derselben Polis verstehen. Das geht bei über 80 Millionen Einwohner:innen natürlich nicht über bloße persönliche Bekanntschaft.

Aber: Wir müssen einander vertrauen, zumindest abstrakt, um die Kompromisse mitzutragen, die eine Demokratie nun einmal ausmachen. Wir müssen einander auch vertrauen, um Konflikte konstruktiv auszutragen. Und dafür ist entscheidend, dass wir einander begegnen.

Diese Begegnungen haben sich in den letzten Jahrzehnten verändert. Sie sind weniger geworden, weil die dafür notwendigen Orte weniger geworden sind – Alltagsorte wie Kneipen, Parks, Schwimmbäder. Sie sind individueller geworden, weil wir es geworden sind: Fitnessstudio statt Sportverein, Projektarbeit statt Parteimitgliedschaft. Sie sind auch digitaler geworden – und vielleicht flüchtiger. Das alles hat viele Vorteile – geringere Kosten, mehr Freiheit für die Einzelnen, mehr Flexibilität. Aber es hat eben auch Rückwirkungen auf unsere Demokratie. Diese Veränderungen müssen wir verstehen, um Ideen dafür zu entwickeln, was wir anders machen können.

Sich mit den Veränderungen unserer Begegnungen auseinanderzusetzen, liefert Hinweise darauf, was man anders machen kann und wie man wieder mehr »allgemeine« Begegnungen schaffen kann: durch Orte, an denen verschiedene Menschen miteinander auskommen, sprechen, tun, ohne große Hürden überwinden zu müssen. Diese Orte werden vermutlich anders aussehen als vor 20, 30 oder 50 Jahren. Aber es braucht sie, nach wie vor, nicht nur im digitalen Raum, damit unsere Demokratie funktioniert. Sie sind eine (eine!) Institution unserer Demokratie. Denn: *Institutions matter* – gerade in unseren modernen Demokratien.

Das Buch möchte Anstöße geben, keine Patentrezepte liefern. Es möchte zur Diskussion einladen, möchte auch Widerspruch erzeugen, möchte kreative Prozesse anstoßen. Und es möchte die Menschen ehren, die oft mit viel Herzblut Orte betreiben und am Leben erhalten, die es ohne ihr Engagement nicht gäbe. Moderne Demokratien leben eben nicht nur von ihren Parlamenten, Verwaltungen, Regierungen. Sie leben vor allem davon, dass Menschen sich einbringen, oft vor Ort, und ihr Zusammenleben gemeinsam gestalten wollen.

1. Die Dorfkneipe wird unterschätzt

Schon kurz bevor man sie betritt, steigt einem der spezifische Geruch einer Kneipe, ein Gemisch aus Bier und kaltem Zigarettenqualm, in die Nase. Mit dem Aufziehen der Tür taucht man in das Kneipengewusel ein: Am Stammtisch tauschen sich Bekannte und Freund:innen aus, ein Spieler sucht sein Glück am Spielautomaten, junge Menschen haben ein Date in einer Ecke oder spielen an einem Tisch Karten. An der Bar sitzen ein paar einsame Gestalten über einem Bier, manche reden mit der Barkeeperin, andere schauen stumm Löcher in die Luft. Die Tür geht ständig auf, meist läuft Musik oder Fußball, Menschen gehen rauchen oder auf Toilette. Es ist Bewegung drin. Stimmengewirr steigt auf, man muss lauter sprechen, um verstanden zu werden. Eher selten sieht man jemanden stumm dasitzen, erhaben über dem Gewusel, ein Buch lesend oder gedankenverloren auf das Handy starrend. Nach wenigen Schritten hat man die meist zu stickige Luft in der Nase und spürt die Wärme. In der Kneipe spürt man die menschliche Nähe, riecht einander, nimmt einander wahr. Eine Gemeinschaft für einen Abend, die wichtig ist für die demokratische Gesellschaft.

Die Kneipe, dieses menschliche Biotop, sie ist bedroht. Bereits in der Dekade vor der Coronapandemie hatte ca. ein Drittel der Kneipen in Deutschland geschlossen.[1] Heute machen steigende Preise und akuter Personalmangel ihnen zu schaffen. Das ist übrigens kein rein deutsches Phänomen: In Großbritannien etwa sterben die beliebten Pubs schon länger, Pandemie, Energiepreise und Inflation setzen ihnen zusätzlich zu.[2]

Man mag das für eine unwichtige Meldung unter »Vermischtes« halten. In der Großstadt sitzend, kann man sich denken: »Schade, aber Bier trinken kann man schließlich auch in einer anderen Kneipe, zuhause oder mit Freunden, vor dem Kiosk, Büdchen, der Trinkhalle oder dem Späti.« Vielleicht betrachtet man es auch ökonomisch: Wenige volle Bars sind effizienter als viele halbleere. Und gesundheitspolitisch ist weniger Alkoholkonsum auch erst einmal positiv. Aber das greift zu kurz: Kneipen sind wichtige alltägliche Begegnungsorte, die nicht ohne Weiteres zu ersetzen sind. Kneipen sind wichtig für die Demokratie.

Das Verschwinden von Begegnungsorten

Kneipen sind nicht die einzigen Orte, die verschwinden. Die Trinkhallenkultur im Ruhrgebiet wurde gerade zum immateriellen Kulturerbe in Nordrhein-Westfalen erklärt. Und doch gibt es immer weniger von ihnen. Sie heißen Büdchen oder Späti, Kiosk oder eben Trinkhalle, und eines haben sie gemeinsam: Sie versammeln Menschen, und sie werden weniger – daran ändert auch ein regelmäßig veranstalteter »Tag der Trinkhallen« im Ruhrgebiet wenig.[3]

Dieses Schicksal teilen sie mit öffentlichen Schwimmbädern. Während die Zahl der teuren Erlebnisbäder steigt, nimmt die der preiswerten, öffentlichen Frei- und Hallenbäder ab. Sich im Sommer auf die Wiese legen, Pommes essen und ein paar Bahnen ziehen und dabei das halbe Viertel um sich herum erleben? Wird immer teurer. Schwimmbäder – die meist kommunal bezuschusst werden und vermeintlich keine Kernaufgabe des Staates sind – fallen dem Kostendruck zum Opfer.[4]

Und Parks? Bis auf wenige Vorzeigeobjekte sind sie oft ungepflegt, werden in Städten zunehmend durch privates Engagement als Urban Gardening betrieben oder verkommen. Dreckige Parks ziehen weniger Menschen an, das Unsicherheitsgefühl steigt, wohl fühlen sich dort wenige.

Und im eigenen Hausflur, in der Straße und in der Nachbarschaft trifft man immer mehr Menschen, die einem ähnlich sind, denn Stadtviertel sind immer weniger sozial durchmischt. Begegnungen mit Menschen aus anderen Milieus, Schichten und Lebensrealitäten auf der Straße, beim Einkaufen oder beim Elternabend in der Schule werden seltener.[5]

Man könnte das alles für anekdotische Evidenz halten: Klar, an einigen Orten schließen die Schwimmbäder und Kneipen, veröden die Parks, schotten sich die Besserverdienenden ab. Anderswo entsteht aber Neues: Fitnessstudios und Friseurläden sprießen aus dem Boden, beim Urban Gardening übernehmen Freiwillige die Pflege von Stadtgrün, der

Konsum heißt jetzt Dorfladen und Einkaufszentren gibt es schließlich auch genug.

Ein Leben ohne Begegnung

Aber dem ist nicht so: Viele Begegnungsorte werden weniger und verschwinden, Neues entsteht nur langsam und ist oft weniger zugänglich. Die Orte, an denen Gesellschaft sich trifft, sie erodieren. Das ist eingebettet in einen längeren, bereits Jahrzehnte laufenden Prozess: dem Abschied von der Massengesellschaft, dem langsamen Verschwinden von Großorganisationen wie Gewerkschaften, Parteien und Kirchen, einer zunehmenden Individualisierung der Lebensgestaltung, gepaart mit einem Abbau staatlicher Infrastrukturen.

Warum sind Begegnungsorte überhaupt wichtig? Man muss sich keine Dystopien ausmalen, um das zu begreifen. Ein Ort ohne Begegnungsräume ist trist: Menschen fahren früh mit dem Auto zur Arbeit, sitzen womöglich in ihrem Einzelbüro den ganzen Tag vor dem Computer. Am Abend machen sie kurz Halt in einem Supermarkt an einer Ausfallstraße, kaufen ein, die Kassen sind digital, bevor sie nach Hause zur Familie fahren und die Gartentür hinter sich schließen. Die Begegnungen bleiben auf Kolleg:innen und die eigene Familie beschränkt, die Themen auch. Arbeitet man im Homeoffice, sind selbst die Kolleg:innen nur digital präsent. Abends scrollt man noch schnell durch die sozialen Netzwerke. Egal, ob die Protagonist:innen das schön oder schrecklich finden, sie erleben wenig neue Eindrücke. Die Erfahrbarkeit von Gesellschaft ist eingeschränkt.

Eine kleine Demokratietheorie alltäglicher Begegnungsorte

Alles nicht so schlimm, kann man weiterdenken. Aber: Das zunehmende Fehlen von Begegnung schadet unserer Demokratie. Es lohnt sich deshalb, diesen alltäglichen Begegnungsorten Aufmerksamkeit zu schenken. Genau darum geht es in diesem Buch: die alltäglichen Begegnungen von Menschen und ihre Bedeutung für unsere Demokratie. Demokratien beruhen darauf, dass Menschen sich über die Regeln ihres Zusammenlebens verständigen. Anders als in Autokratien oder Monarchien sind in Demokratien die meisten Mitglieder einer Gesellschaft an der Entscheidungsfindung beteiligt.

In liberalen Demokratien werden Abstimmungsregeln ergänzt durch einige Rechte, die Menschen in die Lage versetzen, in Freiheit zu leben, sich zusammenzuschließen und zu artikulieren und so effektiv am Finden von Regeln teilzuhaben. Dafür müssen sie freiwillig Kompromisse eingehen und nicht unbedingt ihre Interessen durchsetzen. Dazu ist es wiederum nötig, dass wir Andere als legitime Mitglieder einer Gesellschaft anerkennen – wofür wir diese Anderen regelmäßig erleben müssen. Genau das geschieht auch an Begegnungsorten im Alltag.

Vielfältige Demokratien brauchen Vertrauen

Begegnung wäre vielleicht gar nicht so notwendig, wenn Menschen sich sehr ähnlich wären. Man wüsste dann, was Meier, Müller und Schulze essen, denken und wählen. Aber moderne Demokratien sind vielfältig. Sie sind darauf angelegt, es zu sein: Liberale Demokratien richten sich an der Freiheit des Individuums aus. Daraus entstehen unterschiedliche Präferenzen, verschiedene Lebensentwürfe, kurz: Vielfalt. Die Globalisierung hat darüber hinaus zu einer verstärkten Migration geführt – aus ganz unterschiedlichen Gründen. Gehen wir vor die Haustür, mögen uns die Menschen noch ähnlich sein – in der übernächsten Straße sieht es anders aus. Diese unglaubliche Stärke moderner Demokratien – Vielfalt zu ermöglichen – bedarf jedoch bestimmter Strukturen, um zu funktionieren. Ein wichtiger Bestandteil heterogener Gesellschaften sind Begegnungsräume, die uns diese Diversität ganz praktisch erleben lassen. Begegnung kann Vertrauen schaffen, und Vertrauen ist wichtig für demokratische Gesellschaften. Sie können nur sehr eingeschränkt auf repressive Äquivalente wie Gewalt oder Überwachung setzen, um eine Gesellschaft zusammenzuhalten. Sie sind deshalb darauf angewiesen, dass ihre Bürger:innen ein gehöriges Maß an Vertrauen in das Funktionieren des Gemeinwesens aufbringen. Darüber hinaus müssen Bürger:innen auch einander einigermaßen vertrauen. Wieso sonst sollten sie eine kollektive Regelung akzeptieren, die sie potenziell schlechter stellt, wenn andere sie sowieso ausnutzen? Dazu sind sie an vielen Entscheidungsfindungsprozessen beteiligt, durch regelmäßige Wahlen, durch breit verfügbare, vielfältige Informationen, durch Proteste, Petitionen, Meinungsäußerungen, durch freiwillige Organisationen und vieles mehr. Demokratie lebt davon, dass Menschen an sie glauben – und mitmachen. Sie ist nicht nur eine Regierungsform, sie ist eben auch ein Lebensstil.

Fehlende Antworten auf die Erosion der Demokratie

In letzter Zeit sehen viele Menschen eine Erosion demokratischer Institutionen. Die Regierung sei abgekoppelt und regiere am wahren Volkswillen vorbei – so lautet das populistische Narrativ, das bis weit hinein in die Mitte grassiert. Die Demokratie sei nicht schnell genug, um Weltprobleme wie den Klimawandel oder Pandemien zu lösen, sagen andere. Und wieder andere kritisieren, es werde zu viel geredet und zu wenig umgesetzt. Die Kritiken sind vielfältig, aber es ist doch klar: Demokratie steht »unter Feuer«, wie es der Journalist Jonas Schaible kürzlich nannte.[6]

Dabei wird viel über die Institutionen der Demokratie geschrieben, über Parteien, Medien, Gerichte, Parlamente, Verwaltungen. Sie sind wichtig, aber sie verfestigen Demokratie nicht im Alltäglichen. Demokratie lebt nicht nur von einigen wenigen, oft voraussetzungsreichen Institutionen. Sie lebt auch davon, dass Menschen einander im Alltag begegnen und erleben. Das lenkt den Blick zurück auf ebendiese Begegnungsorte im Alltag, für die die Dorfkneipe exemplarisch steht. Es sind diese Orte, an denen Menschen tagtäglich erleben, wie unser Zusammenleben mit mehr oder weniger bekannten Mitmenschen funktioniert – oder eben auch nicht. Es braucht sie, damit Menschen Räume haben, einander zu erleben – aus der Nähe, nicht aus der medial verzerrten Ferne. Es braucht sie, um elementare Sozialkompetenzen zu erlernen, aufzufrischen, zu verfeinern. Es braucht sie auch für den Konflikt, denn Streit ist in persona meist weniger konfrontativ als digital oder im eigenen Kopf. Und es braucht sie, damit Menschen auch sinnlich erfahren, wie Zusammenleben funktioniert.

Einige Begegnungsorte schaffen es schon in öffentliche Diskussionen, namentlich Bürger:innenräte und Begegnungsformate, die vermeintlich gegen Polarisierung helfen. Das sind wichtige Formate, die ihren Platz im institutionellen Gefüge der Demokratie haben werden. Aber sie haben Vorbedingungen: Man muss Zeit investieren, sich freiwillig mit häufig komplexer Materie auseinandersetzen oder mindestens ein Interesse an der Mitbestimmung in einer Sache haben. Sie erreichen relevante Teile unserer Gesellschaft nicht. Alltägliche Begegnungsräume haben geringere Zugangsvoraussetzungen. Sie liegen uns nahe, wir nutzen sie eben im Alltag. Sie sind Infrastrukturen, durch die wir unser Gemeinwesen im Alltag erleben, die aber auch dazu beitragen, dass Demokratie im Großen funktioniert.

Wenn Nähe verdächtig wird

Die Coronapandemie war eine Zäsur für die Art, wie wir einander begegnen: Bildschirm statt Billiard, Zoom statt Zoo. Viele Begegnungen fielen weg, oft ersatzlos. Andere wurden durch digitale Lösungen oft nur notdürftig ersetzt. Die Pandemie hielt die Welt mehrere Jahre in Atem, immer neue Wellen mit neuen Virusvarianten gingen um.

Nähe ist verdächtig geworden während der Coronapandemie: Das Virus kapert Nähe, es kapert die Luft und den Raum, die wir uns teilen. Tête-à-Tête ist zum Modell der Stunde geworden. Wir haben unsere Begegnungen reduziert auf unseren persönlichen Nahraum, damit ein unsichtbares Virus diese nicht nutzen kann, um sich zu vermehren. In unzähligen Lockdowns haben wir Nähe zu schätzen gelernt – durch ihr Fehlen. Bei manchen ist ein Restverdacht hängengeblieben, dass Nähe Gefahr bedeuten könnte.

Die Coronapandemie hat eins deutlich gemacht: Begegnung ist ein integraler Bestandteil unseres Lebens. Wenn wir allein oder mit der Familie oder Wohngemeinschaft im Lockdown, gar in der Quarantäne, gefangen sind, verkümmern wir. Menschen sind soziale Wesen, wir leben auch vom Kontakt mit anderen. Während der Coronapandemie hat sich dieser Kontakt für viele eingeschränkt: Mehr Austausch mit Menschen, die uns bereits nahestehen, also etwa Familie, Freund:innen, Partner:innen; weniger Begegnungen mit Bekannten und Unbekannten. Das bedeutet auch weniger spontane Anregungen von außen. Und es hat auch Rückwirkungen auf unsere Demokratie.

Digitale Begegnung ist nicht dasselbe

Das Internet, der einst als Demokratisierungsinstrument beschworene Raum, macht diese Entwicklung nicht besser. Natürlich gibt es gut funktionierende digitale Alternativen zum persönlichen Austausch. Wir begegnen uns tagtäglich online, tauschen uns auf Twitter aus, sprechen über Facetime oder WhatsApp miteinander, flirten über Tinder, lachen miteinander im Freundesvideochat. Auch der Zugang zu Informationen ist im Internet scheinbar grenzenlos. Die Coronapandemie hat viele technische Entwicklungen verstärkt, auch die *digital literacy* der breiten Bevölkerung hat durch sie einen Sprung gemacht. Vor allem Videokommunikation ist für eine breite Masse zugänglich geworden, fast jeder Messenger unterstützt sie heute, ergänzt durch häufig im Arbeitskontext vorkommende Programme wie Teams, Zoom und Co. Digitale Tools ersetzen auch zunehmend Begegnungen, die vorher analog waren: Der Arztbesuch? Geht per Videosprechstunde. Der Besuch bei den Eltern? Geht auch per Videochat. Arbeitstreffen sind zu größeren Teilen ins Internet verlagert worden. Oft ist man erstaunt, wie groß die Kollegin aus einer anderen Stadt ist, wenn man einander zum ersten Mal trifft. Man kannte sie vorher nur als Gesicht in einer Kachel.[7] Das schafft Freiräume, ohne Zweifel. Aber es verändert auch die Art und die Häufigkeit, mit der wir einander begegnen.

Zwar ist umstritten, inwiefern es im Digitalen zu Filterblasen kommt, aber eine echte Auseinandersetzung, ein wirklicher Austausch mit den Haltungen, Meinungen und Lebensrealitäten anderer Menschen findet dort nur ganz selten statt. Man erlebt stattdessen pöbelige Debatten in sozialen Medien, Algorithmen schlagen einem immer radikalere Videos auf Youtube oder TikTok vor, man liest skandalisierende Artikel und die Diskussion im Berufskontext beschränkt sich auf die Sachebene. Gesellschaftlicher Zusammenhalt entsteht so kaum. Die Hoffnung auf eine bessere Gesellschaft durch digitale Vernetzung: Sie hat sich nicht erfüllt. Digitale Begegnung ist eben nicht dasselbe wie Begegnung mit voller körperlicher Kopräsenz. Es fehlen die schüchternen Beobachtungen, die unerwarteten Augenblicke, der Zufall der Begegnung, die Eindrucksfülle, die die gleichzeitige Anwesenheit mit sich bringt, die Kreativität der gemeinsamen Mittagspause. Es fehlt auch eine weniger zersplitterte Aufmerksamkeit, denn sitzen wir vor einem elektronischen Gerät, scrollen wir oft nebenher noch durch die E-Mails oder durch die sozialen Medien.

Die Folgen: Die berührungslose, einsame Gesellschaft

Die Diagnose, dass face-to-face-Begegnungen weniger werden, ist nicht neu. Die Journalistin Elisabeth von Thadden beklagt schon 2018 die »berührungslose Gesellschaft«. Sie beschreibt eine Gesellschaft, in der Menschen immer mehr Raum für sich haben – und anderen immer weniger nah kommen müssen. Berührung ist heute freiwillig und individuell, kaum mehr durch die Umstände vorgegeben. Das kann man als Fortschritt in Sachen Freiheit und Selbstbestimmung sehen. Allerdings hat die auch berührungstechnische Vereinzelung Folgeerscheinungen: Man fühlt sich abgekoppelt, vereinzelt, spürt weniger Resonanz.[8]

Einsamkeit beschreibt die Politikerin, Unternehmerin und scharfe Beobachterin unserer Gegenwart Diana Kinnert ebenfalls als zentrale Erscheinung der digitalen Moderne. Sie hat mit ihrem Buch über Einsamkeit im Jahr 2021 einen Nerv getroffen. Ihr geht es um eine neue Form, die auch digital induziert ist: Menschen sind nicht nur vereinzelt in ihren Wohnungen, sie erleben digital auch, was für ein tolles Leben andere (vermeintlich) führen. Diese Vereinzelung hat auch Rückwirkungen auf unsere Demokratie: Diese lebt davon, dass Menschen miteinander Gesellschaft gestalten wollen, nicht einsam und selbstbezogenen ihre eigenen Interessen verfolgen.[9] Einsamkeit ist für verschiedene gesellschaftliche Gruppen ein Problem: für junge Menschen, die online das vermeintlich aufregende Leben ihrer Bekannten mitbekommen, für alte Menschen, deren Umfeld und Radius langsam kleiner werden, für Menschen in strukturschwachen Regionen, aus denen die Menschen wegziehen und für alle, denen es schwer fällt, Kontakte aufzubauen und zu pflegen. Ihnen fehlt die Einbindung in soziale Netze, die sich in den letzten Jahrzehnten verändert haben, die individueller geworden sind, wie die meisten von uns individualistischer geworden sind.

Was ist Begegnung?

Vereinzelung, Einsamkeit – bei all dem kann Begegnung helfen. Aber was ist das eigentlich, Begegnung? Soziolog:innen nennen das direkte Treffen von Menschen face-to-face-Interaktion. Menschen kommen in gegenseitige Wahrnehmungsreichweite, teilen dieselbe Umgebung und nehmen einander mit allen Sinnen wahr. Der Begriff ist analog gedacht, denn als er entstand, gab es allenfalls das (damals sehr teure) Telefon als

Mittel der synchronen Fernkommunikation. Begegnung ist synchron, das heißt man muss sofort reagieren, sonst wird es komisch und die eigene Nichtreaktion selbst wird zur Nachricht.

Mit diesem Begriff werden solche Situationen von anderen Formen der Kommunikation unterschieden, etwa Briefe schreiben, telefonieren, chatten und vieles anderes. Trifft man sich face-to-face, also von Angesicht zu Angesicht, teilt man denselben Raum und nimmt ihn mit verschiedenen Sinnen wahr: Dass es draußen gewittert oder der Gully stinkt, muss man nicht extra formulieren, man muss nur die Nase verziehen oder beim Donnergrollen zusammenzucken.

Und mehr noch: Man nimmt einander auch auf verschiedene Weisen wahr, die Körpersprache spielt hier eine wichtige Rolle – und das alles synchron, ohne Verzögerung, intuitiv erfasst und verstanden. So, da sind sich Soziolog:innen einig, lässt sich leichter Verständnis und Vertrauen herstellen.[10]

Beobachtungen werden mit konkreten Personen verbunden. Unterschiedliche Lebensweisen, abweichende Meinungen – all das ist in Interaktion personifiziert, nicht abstrakt: Es ist Beate, die die AfD wählt, es ist Bernd, der gern Free Diving macht, es ist Jasper, der leicht autistisch ist, und Jürgen, der Baklava liebt – das ist anders als abstrakte Bilder aus den sozialen oder gedruckten Medien. Begegnung, das ist also vor allem Interaktion unter Anwesenden, die einen gemeinsamen Raum teilen und einander (potenziell) wahrnehmen. Natürlich geht das alles auch digital. Aber – so werde ich am Schluss des Buches zeigen – es ist eben nicht dasselbe.

Was sind Begegnungsorte?

Ob Dritte Orte, Soziale Orte, öffentliche Infrastrukturen oder Begegnungsorte – es gibt verschiedene Möglichkeiten, diese Orte zu bezeichnen. Diese Begriffe, um die sich die Debatte dreht, meinen alle ein wenig Unterschiedliches und haben doch einen gemeinsamen Kern. In diesem Buch heißen sie Begegnungsorte, denn es ist ein neutraler Begriff, der das in den Mittelpunkt rückt, was an ihnen geschieht: Menschen begegnen einander.

Diese Orte sind, erstens, alltäglich, das heißt wir begegnen ihnen auf Wegen, die wir sowieso gehen, manchmal sind sie sogar diese Wege: Wir nutzen gemeinsam Straßen, die S-Bahn oder den Bus, mittags essen wir in einem Café in der Nähe des Arbeitsplatzes, abends gehen wir im Sommer ins Schwimmbad oder ins Fitnessstudio und manchmal zum Elternabend der örtlichen Schule. Sie sind, zweitens, leicht zugänglich: Keiner dieser Orte benötigt einen größeren Aufwand oder höhere Geldbeträge, um sie zu betreten. Es kann schon sein, dass man ein Ticket für den Nahverkehr braucht oder ein Bier bezahlen muss, um in einer Kneipe verweilen zu dürfen. Nicht alle Personen haben Zugang zur lokalen Schule, aber die Hürden sind gering, die Kosten begrenzt. Die Orte sind, drittens, weitgehend freiwillig, zumindest zwingen sie nicht zu bestimmten Begegnungen und es gibt Alternativen.

Kneipen sind natürlich nicht die einzigen Begegnungsorte, es gibt ihrer unzählige: Straßen, Plätze, Parks, Schulen, Sportvereine, Fitnessstudios, Verkehrsmittel, Cafés, Restaurants, Co-Working-Spaces, Büros und Arbeitsstätten, Seminarräume, Universitäten, Schwimmbäder, Stadtteilgärten, Geschäfte, Kioske – die Liste lässt sich beinahe endlos verlängern. Dazu kommen geplante Begegnungsorte, etwa Parlamente, der Bus der Begegnung, Essenstafeln, Straßenfeste, Begegnungscafés, Bürgerversammlungen, gar Bürgerräte, Meetings, Betriebsversammlungen und viele mehr. Die im Buch genannten Orte dienen als Beispiele, um das Potenzial dieser Orte aufzuzeigen.

Begegnungsorte ermöglichen eine Vielzahl von Aktivitäten

Was geschieht an diesen Orten? Das ist sehr unterschiedlich. Eine Aktivität, die an allen alltäglichen Begegnungsorten stattfindet, ist die zufällige Beobachtung. Ob in Cafés, Schwimmbädern, auf der Straße, in der Metro oder der Bibliothek: Wir sind Menschen ausgesetzt, die auf irgendeine Weise anders sind als wir. Wir teilen einen gemeinsamen Raum, gehen manchmal sogar derselben Aktivität nach und sind dabei doch unterschiedlich. Unterschiede bekommen so Gesichter, sie werden mit konkreten Menschen verbunden. Jemand liest Thomas Mann in der Bibliothek? Aber eigentlich sieht er doch aus, als hätte er Geschmack. Ein Irokesenschnitt zum Anzug? Ungewöhnlich, aber warum nicht?

Aber das ist noch nicht alles: In Kneipen, in der Politischen Bildung oder auf Begegnungsbänken findet zusätzlich sprachlicher Austausch statt. Wer einmal nachts in einer Kneipe mit einer Anhängerin einer anderen politischen Richtung ein heikles Thema diskutiert hat, kennt den Wert der Begegnung: Man kann sich darauf einigen, dass man sich nicht einig ist – und trotzdem noch ein Bier zusammen trinken. Ähnlich, nur stärker gerahmt und geplant, funktionieren viele Formate der politischen Bildung. Und wer im Zug nicht im Ruheabteil arbeiten, sondern sich austauschen will, kann bei einigen Anbietern sogenannte Begegnungsabteile buchen und mit wildfremden Menschen ins Gespräch kommen.

An manchen Orten kommt es sogar zu wiederkehrender Begegnung. Im eigenen Wohnhaus, in Schulen, auf Elternabenden oder bei der abendlichen Boulerunde im Park: Es sind dieselben Menschen, die sich begegnen können – ob sie wollen oder nicht. So kann man einander aufgrund einer gemeinsamen Aktivität oder wegen desselben Wohnortes stärker wahrnehmen und Beziehungen miteinander aufbauen und vertiefen.

Einige Begegnungsorte bieten darüber hinaus die Möglichkeit, gemeinsame Aktivitäten zu vollziehen. Dabei kann es sich um ganz verschiedene Dinge handeln: Bei der Freiwilligen Feuerwehr retten üben, im Gesangsverein Kantaten oder Gospel singen, Schach im Park vor Publikum, die Volleyballmannschaft im Sportverein oder gärtnern im Gemeinschaftsgarten – bei allem ist man auf Kooperation mit anderen angewiesen, manchmal mit Fremden. Dieses gemeinsame Tun ist ein wichtiger Baustein von Vergemeinschaftung.[11]

Über die alltäglichen Begegnungen der Demokratien wird wenig gesprochen. Vielleicht sind sie einfach zu selbstverständlich für uns – solange sie da sind. Und vielleicht wird diese Selbstverständlichkeit ihnen zum Verhängnis. Ihr Fehlen fällt vor allem dort auf, wo es nicht mehr viele von ihnen gibt: Schließt die Dorfkneipe, macht die Freiwillige Feuerwehr mangels Engagements dicht oder wird das Schwimmbad im Stadtteil weggekürzt, fällt erst auf, wie wichtig sie für das Miteinander waren.

Demokratie fehlt Begegnung, weil sie sie braucht

Um die fehlenden und dringend gebrauchten alltäglichen Begegnungen geht es in diesem Buch. Es folgt einer doppelten Beobachtung. Erstens: Demokratie *fehlt* Begegnung. Sie fehlt, weil die Orte weniger, ungepflegter, exklusiver und getrennter geworden sind.

Aber Begegnung kann nur fehlen, weil Demokratie sie, zweitens, *braucht*, um zu funktionieren. Demokratie braucht also auch Begegnung. Warum? Sind es nicht vielmehr gut gebildete Eliten, eine funktionierende Zivilgesellschaft, ein Rechtsstaat und repräsentative Parlamente, die entscheidungsfähig sind, die eine Demokratie braucht? Ja – auch. Aber eine Demokratie lebt auch davon, dass ihre Mitglieder sich als legitime Andere anerkennen. Sie lebt von Kompromissen, niemand bekommt je seinen Willen. Um damit zu leben, müssen wir die Interessen der Anderen, mit denen wir abstrakt Kompromisse eingehen, anerkennen – und dafür sie als Personen. Und dafür wiederum müssen wir ihnen begegnen – nicht allen, aber doch einigen mehr als unserem eigenen Umfeld, einer Auswahl der Menschen sozusagen, mit denen wir uns eine Demokratie teilen.

Die demokratische Irritation

Denn nur so passiert etwas, das ich die demokratische Irritation nenne: Wir sind irritiert über einzelne Merkmale oder Handlungen von Menschen, die anders sind als wir, oft auch anders, als wir es von ihnen erwartet hätten. Unsere Stereotype sind meist extremer als die Realität. Warum zitiert der Obdachlose in feinstem Französisch Mao Tse-Tung? Streitet ein Jugendlicher aus einem abgehängten Viertel dort angeregt für die Demokratie? Warum liest der Professor ein rechtsnationales Blatt? Unser Alltag ist voll von Irritationen über unsere Mitmenschen. Wir bemerken Details, etwa, wenn wir in der Bahn nebeneinandergequetscht auf unsere Station warten. Wir erfahren überraschende Umstände über das Leben unserer Kolleg:innen in der Kaffeeküche. Wir vollziehen die komplexen Abwägungsprozesse für die Flucht nach Europa nach, wenn wir uns mit Geflüchteten unterhalten.

Diese Irritationen wirken Stereotypen entgegen. Sie konterkarieren, dass wir von anderen größtenteils weniger halten, ihnen weniger zutrauen als uns selbst. Demokratien brauchen diese Irritationen, damit Gruppen sich nicht gegeneinander abschließen, sondern andere Menschen als legitime Mitglieder derselben Gesellschaft akzeptieren. Sie brauchen die demokratische Irritation, um ein ausreichendes Maß an Vertrauen der Menschen ineinander herzustellen.

Die Dorfkneipe als Lösung

Kehren wir einen Moment zur Dorfkneipe zurück. Man könnte sie natürlich auch ganz anders betrachten. Das Volk betrinkt sich hier, Fremde werden nicht nur vom Stammtisch argwöhnisch beäugt, dumpfe Witze machen die Runde und der Abend endet mit mindestens einer Schlägerei aufgrund von toxischen Männlichkeitsvorstellungen oder unverarbeitetem Lebensüberdruss.

Aber Dorfkneipen werden unterschätzt. Sie sind eben auch bedeutende Begegnungsorte. Hier kommen alle zusammen: Die Alteingesessenen und die Zugezogenen, die AfD- und die Grünenwählenden, der Bauer und die Ärztin, die Engagierten und die Meckernden. Menschen, die unterschiedliche Berufe, Lebensweisen und politische Ansichten haben. Leute, die sich sonst nicht einmal begrüßen würden, sitzen nun zusammen in einem Raum. Sie nehmen einander wahr, nicht als Fremde, sondern als Ärztin Bulut, als Bauer Meier, als AfD-Wähler und Malermeister Kaulitzky. Andere Lebensweisen, andere Hintergründe, andere Ansichten – sie alle werden mit konkreten Personen verbunden und dadurch plastischer. Vielleicht ist die Dorfkneipe also ein Teil der Lösung.

Die Beobachtung, dass Demokratie einfache, barrierearme Begegnungen braucht, ist nicht neu. Jüngst hat die Juristin Sophie Schönberger in ihrem Essay »Demokratie als Zumutung« darauf hingewiesen.[12] Auch der grüne Vordenker Peter Siller fordert schon länger eine stärkere Aufmerksamkeit für das, was er öffentliche Infrastrukturen nennt.[13] Soziolog:innen fordern einen stärkeren Fokus auf sogenannte Soziale Orte.[14] Und in Sonntagsreden wird neben einem stärkeren sozialen Zusammenhalt auch oft Begegnung gefordert.

Aber was heißt das genau: barrierearme Begegnungen? Wie funktionieren Begegnungsorte, was geschieht an ihnen? Und wie lassen sie sich fördern? Diesen Fragen geht dieses Buch nach.

Leitfaden durch das Buch

Das Buch richtet sich an Menschen, die sich fragen, was Demokratie mit Begegnung zu tun hat, an Menschen, die selbst Begegnungsorte betreiben, an Demokratieverfechter:innen und -versteher:innen, kurz: an alle, die nach Lösungen für die Zukunft der Demokratie suchen. Es ist ein Sachbuch, das keine eigenen Studien präsentiert, sondern eine

These – Demokratie fehlt Begegnung, weil sie sie braucht – diskutiert. Im Mittelpunkt steht der Zusammenhang von Demokratie und analogen, alltäglichen Begegnungsorten, und diese Orte selbst. Kioske und Straßen, der ÖPNV und der Stadtpark, Sportvereine und Kirchen, Warteschlangen und Kaffeeküchen, Politische Bildung und Ehrenamt – sie sind die nicht nur heimlichen Protagonist:innen dieses Buches.

Um dem Zusammenhang von Demokratie und Begegnung auf den Grund zu gehen, muss man sich zuerst mit zwei anderen Grundbegriffen in der Debatte beschäftigen. Ist von Begegnung die Rede, so wird häufig gleich mit gesagt, dass sie wichtig sei für den gesellschaftlichen Zusammenhalt. Aber was ist das eigentlich: gesellschaftlicher Zusammenhalt? Braucht Demokratie ihn? Was sagen Studien über die deutsche Gesellschaft aus? Darum geht es im zweiten Kapitel.

Eine andere Möglichkeit, über Begegnungsorte nachzudenken, ist, sie als Infrastrukturen der Demokratie zu verstehen. Ohne Begegnungsorte würde Demokratie nicht funktionieren, sie sind – neben anderen Institutionen wie Parteien und freien Medien – wichtig für ihren Bestand. Darum geht es im dritten Kapitel.

Danach wird es konkret. Anhand der verschiedenen Begegnungsformen zufällige Beobachtung (Kapitel vier), sprachlicher Austausch (Kapitel fünf), wiederkehrende Begegnung (Kapitel sechs) und gemeinsame Aktivitäten (Kapitel sieben) zeige ich, wie Begegnungsorte Demokratie im Alltäglichen verfestigen. Hier geht es um bestehende Orte – und um Ideen, Konzepte und Projekte, die zeigen, wie Begegnung anders funktionieren kann. Kapitel acht dreht sich um die (Un-)Möglichkeiten digitaler Begegnungssituationen, um ihre Potenziale, aber auch ihre Grenzen.

Begegnung kann (politisch) unterstützt werden. Im letzten Kapitel skizziere ich in zehn Punkten, wie eine Politik der Begegnung aussehen kann, welche Rahmenbedingung Politik setzen kann – und wo sie sich lieber heraushalten sollte.

2. Demokratie, Zusammenhalt und Vertrauen

Zusammenhalt ist in aller Munde.[1] Alle appellieren an ihn, fordern ihn, sehen ihn verschwinden oder zumindest weniger werden, wünschen sich mehr davon. Und einig sind sich Menschen nur darin, dass zu wenig davon vorhanden ist. Am häufigsten wird sein Fehlen beklagt, wenn es um hart geführte Debatten in sozialen Medien, um die Einbindung marginalisierter Bevölkerungsgruppen oder politisierte Themen wie die Impfpflicht beziehungsweise die Proteste dagegen geht. Sogar ein Institut für gesellschaftlichen Zusammenhalt – eher ein Zusammenschluss einiger renommierter Forscher:innen – gibt es in Deutschland. Zusammenhalt wird oft beschworen, noch häufiger gefordert. Was Zusammenhalt ist, was ihn schaffen kann, außer dem bloßen Willen dazu, dem Appell, wird seltener diskutiert.

Zur Verdeutlichung: Der Koalitionsvertrag der seit 2021 im Amt seienden Ampelregierung listet das Wort ganze zwölf Mal auf.[2] Olaf Scholz beschwört den Zusammenhalt, wenn es um die abzuwendende Gaskrise geht.[3] Der frisch wiedergewählte Bundespräsident Frank-Walter Steinmeier fordert in seiner Antrittsrede im Februar 2022 gar einen »neuen Zusammenhalt.«[4] Auch in Bundestagsreden zeigt sich die Konjunktur des Begriffes: Im Jahr 2018 wurde der Begriff 403 Mal in Reden im Deutschen Bundestag verwendet, 2008 nur 47 Mal. Es scheint, als sei gesellschaftlicher Zusammenhalt zu einem neuen politischen Leitbegriff geworden. Er ist allgegenwärtig.[5]

Schaut man sich die Debatten unserer Zeit über Demokratie an, wird sozialer Zusammenhalt auch bitter benötigt: Nicht selten ist von der Krise der Demokratie die Rede, von ihren Zumutungen[6] – man könnte meinen, ihr Ende stehe kurz bevor. Finanzkrise, Krieg, Jahrhunderthitze, Corona – die Horrormeldungen reißen kaum ab. Der Soziologe Klaus Hurrelmann sieht Deutschland gar in einer gesellschaftlichen posttraumatischen Belastungsstörung.[7]

Über alles, so scheint es, wird erbittert gestritten: über die Heizung im Keller, die Steuern, die Förderung der Landwirtschaft, über die neuesten Äußerungen von Politiker:innen oder über ihre Qualifikationen, über Geflüchtete, über Windräder. Sozialer Zusammenhalt ist dann etwas, das fehlt; ist Ursache, Nebeneffekt oder Symptom der Krise oder aber ein Ziel, das angestrebt wird.

Diese Zweiteilung findet sich ebenfalls in der (politischen) Verwendung des Begriffs wieder: Er ist einerseits Mittel – etwa zur guten Bewältigung der Pandemie, deren Eindämmung vor allem vom Mittunwollen der Bürger:innen abhängt – und andererseits Zweck ganz verschiedener Politiken.[8] Wenn Heimatliebe, höhere Sozialversicherungsleistungen, Maske tragen, ein sozialer Pflichtdienst und ein bedingungsloses Grundeinkommen mit einem Begriff begründet werden, meint er sehr vieles irgendwie, aber weniges genau. Jenseits eines Kerngehaltes – ein positiver Bezug von Gesellschaftsmitgliedern aufeinander – stimmen die Akteure, die den Begriff gebrauchen, in wenigem überein. An den Begriff Zusammenhalt lassen sich unzählige Weltvorstellungen anknüpfen, die sich teilweise ausschließen.[9] Zusammenhalt scheint die Generallösung für die Probleme unserer Zeit.

Was hat der Begriff also in einem Buch zu Demokratie und Begegnung verloren? Fast alle Akteure, die sich für Begegnungsräume stark machen, von sozialen Orten sprechen oder die Demokratie stärken wollen, begründen dies zentral mit einer Stärkung des sozialen Zusammenhalts. Es scheint also einen irgendwie gearteten Zusammenhang zwischen Demokratie, Begegnung und sozialem Zusammenhalt zu geben. Oder springen alle nur auf einen politischen Modebegriff auf?

Um dem auf den Grund zu gehen, lohnt es, sich genau anzuschauen, was unter sozialem oder gesellschaftlichem Zusammenhalt verstanden wird. So verbreitet der Begriff ist, so groß und schwammig ist er. Der Sozialphilosoph Rainer Forst sieht im Begriff des sozialen Zusammenhalts gar etwas »chamäleonhaftes«[10]: Viele Menschen und Akteure nutzen ihn, und alle verstehen ein bisschen was anderes darunter.

Man kann den Begriff sowohl analytisch wie auch normativ verwenden. Während die genannten Apelle wohl alle in den Bereich des Normativen fallen, hilft der analytische Begriff, den Zustand eines Gemeinwesens zu einem bestimmten Zeitpunkt zu analysieren. Der normative Gebrauch wird selten genauer definiert. Er belässt es dabei, Zusammenhalt als ein zu vermehrendes Gut zu beschreiben oder zu fordern.

Diejenigen, die ihn analytisch gebrauchen, sind oft etwas exakter in der Begriffsbestimmung.

Perspektiven auf Zusammenhalt

Rainer Forst etwa schlägt vor, dafür auf fünf Komponenten zu schauen: Individuelle und kollektive Einstellungen, individuelle und kollektive Handlungen, die Intensität und Reichweite sozialer Beziehungen, systemische Konstellationen von Kooperation und Integration und gesellschaftliche Diskurse über eben diesen sozialen Zusammenhalt. Wie genau Einstellungen, Handlungen, soziale Beziehungen, Institutionen und Diskurse aussehen, damit es genug Zusammenhalt gibt, ist damit offen. Wichtig ist jedoch: Ein relevanter Teil der Bevölkerung muss daran glauben, dass sozialer Zusammenhalt möglich ist und die Einstellungen und Handlungen müssen ein gewisses Maß an Übereinstimmung aufweisen, damit ein Gemeinwesen Zusammenhalt entfalten kann.[11]

Gehen wir also zu den empirischen Ansätzen. Schaut man sich an, welche Faktoren sozialen Zusammenhalt ausmachen, landet man schnell bei einer groß angelegten Studie, welche die Bertelsmann Stiftung seit über zehn Jahren durchführt. Das *Radar gesellschaftlicher Zusammenhalt*[12] definiert Zusammenhalt als normativ-empirisches Konstrukt, das Auskunft über die Qualität des Zusammenlebens in einem Gemeinwesen gibt. Die Bertelsmann-Studie schaut anhand von 36 Einzelindikatoren auf drei Bereiche: die sozialen Beziehungen von Menschen, die Verbundenheit miteinander und ihre Gemeinwohlorientierung. Anhand dessen berechnet sie, wie es um den sozialen Zusammenhalt in Deutschland bestellt ist. So kommt sie zu einem Gesamtwert an sozialem Zusammenhalt, den man über die Zeit und über verschiedene gesellschaftliche Gruppen hinweg vergleichen kann. Wie er sich über die Jahre verändert hat, schreibe ich etwas weiter unten.

Zusammenhalt als Set von Vertrauensbeziehungen

Fragt man sich, wie man den Begriff näher bestimmen kann, kommt man schnell zu einem anderen Begriff: Vertrauen. Der Think-Tank More in Common, der eine weitere, stärker sozialpsychologisch inspirierte Zusammenhaltsstudie in Deutschland herausgibt, beschreibt

Zusammenhalt als dreifaches Vertrauensverhältnis: der Bürger:innen untereinander, der Bürger:innen in das Gemeinwesen, den Staat und seine Institutionen, und – und das ist etwas, was sich so selten findet – als Vertrauensbeziehung des Staates und seiner Institutionen in seine Bürger:innen.[13]

Ähnlich geht auch die Vermächtnisstudie des Wissenschaftszentrums Berlin für Sozialforschung vor. Für sie steht Vertrauen im Zentrum. Ohne Vertrauen, so beschreiben es Jutta Allmendinger und Jan Wetzl in ihrem Buch »Die Vertrauensfrage«, könne keine Gesellschaft funktionieren.[14]

Das Buch startet mit einer spannenden Beobachtung: Vertrauenskrisen sind omnipräsent. Die Demokratie ist in einer, die Marktwirtschaft, die Massenmedien. Diesen Diskursen steht das Alltagsleben gegenüber, in dem das Vertrauen der Menschen meist hoch ist. Das Buch stellt die Frage, warum es eine Diskrepanz im Vertrauen in uns nahe und uns ferne Menschen gibt.

Vertrauen ist im Prinzip eine Erwartung, dass sich andere so verhalten, wie man es sich ausmalt. Sie ist geprägt durch das Bild, das wir von uns selbst und von anderen haben. Weichen beide voneinander ab, kann das zum Problem werden – auch für die Demokratie. Gelingender Zusammenhalt besteht also aus gut funktionierenden Vertrauensbeziehungen gegenüber Bekannten, aber ebenfalls gegenüber Unbekannten und Fremden. Dass ein ausreichendes Vertrauen in das große Ganze und in unsere Mitmenschen vorhanden ist, ist wichtig für gesellschaftliche Handlungsfähigkeit.[15] Und es lässt sich erfassen, wo diese Beziehungen gestört sind.

Sozialer oder gesellschaftlicher Zusammenhalt ist also ein breiter Begriff, der unterschiedlich verwendet wird. Sein Kern ist ein Set von Vertrauensbeziehungen von Bürger:innen ineinander und in das Gemeinwesen, die jeweils unterschiedlich ausfallen können, die stärker oder schwächer ausgeprägt sein können.

Dem Zusammenhalt in Deutschland geht es erstaunlich gut

Wie ist es um den gesellschaftlichen Zusammenhalt in Deutschland bestellt? Die kurze Antwort: ziemlich gut und besser, als die meisten annehmen, aber unterschiedlich je nach sozialer Lage bzw. gesellschaftlichem Segment.

Beginnen wir mit dem »Radar gesellschaftlicher Zusammenhalt« der Bertelsmann Stiftung. Die letzte große Erhebung fand 2020 statt. Es gab zwei spezialisierte Nacherhebungen 2021 und 2022, die sich vor allem mit den Folgen der Coronapandemie beschäftigen.

Die Studie von 2020[16] entdeckt eine interessante Spannung: Der Zusammenhalt der deutschen Gesellschaft ist erstaunlich stabil, es gibt nur geringe Veränderungen über die Jahre hinweg. Hatte er 2017 60 Punkte auf einer 100er-Skala, waren es 2020 61 Zähler. Andererseits erleben fast die Hälfte der Befragten den Zusammenhalt als gefährdet – ein Wert, der wächst. Das nahe Umfeld wird dabei durchweg positiver beurteilt als die Gesellschaft und ihre Institutionen als Ganzes. Unterschiede zwischen Ost und West sind noch klar erkennbar, auch 30 Jahre nach der Deutschen Einheit: Es sind 58 zu 62 Punkten im Mittel. Die Unterschiede zwischen den Bundesländern sind aber zum Teil erheblich. In Bremen etwa werden fast durchweg geringere Werte gemessen als in den ostdeutschen Bundesländern. Die Werte der meisten Westländer sind aber über denen im Osten. Formale Bildung hat einen starken Einfluss auf das Zusammenhaltsempfinden, je höher sie ist, desto besser bewertet man es. Armut dagegen hat weniger starke Effekte. Die häufig beschworene gesellschaftliche Polarisierung, die oft auch eine Forderung nach mehr Zusammenhalt nach sich zieht, findet die Studie nicht.

Die Studie knüpft auch an die Debatte um die Gleichwertigkeit von Lebensverhältnissen an. Die objektive Bewertung der Infrastruktur erweist sich dabei als weniger wichtig als die subjektive. Letztere hat maßgeblich Einfluss auf das Zusammenhaltsempfinden der Befragten: Mit ihrem unmittelbaren Lebensumfeld – auch mit der dortigen Infrastruktur – zufriedene Personen empfinden einen stärkeren Zusammenhalt.[17]

Die Studie von 2021[18] schaut sich an, wie sich die Stimmungslage in Deutschland zu drei Messzeitpunkten im Verlauf des Jahres 2020 verändert hat. Der Zusammenhalt wird generell als stabil erlebt, mit leicht höherem Vertrauen im Sommer 2020, also dem ersten Coronasommer. Dabei sind das Zusammenhaltsempfinden und sämtliche andere Werte bei Geringverdienenden signifikant geringer ausgeprägt. Ihre Lebenslagen und ihre Probleme geben ihnen kaum Ressourcen, eine Pandemie und Maßnahmen zu ihrer Einschränkung gut zu bewältigen. Junge Menschen dagegen stimmen – zumindest zu diesem Zeitpunkt – den Maßnahmen weit überwiegend zu, obwohl sie stark von ihnen betroffen sind.

Der leicht positive Trend setzt sich nicht fort, die zahlreichen Einschränkungen und Lockdowns hinterlassen Spuren im Zusammenhaltsempfinden der Menschen. Eine Studie von 2022 aus derselben Reihe der Bertelsmann Stiftung[19] gibt Aufschluss über Veränderungen des gesellschaftlichen Zusammenhalts nach zwei Jahren Pandemie. Schon der Titel spricht von einer »erschöpften Gesellschaft«. Auffällig ist, dass die Befragten den gesellschaftlichen Zusammenhalt als deutlich gefährdeter wahrnehmen als er anhand der erhobenen Werte ist. Der Zusammenhalt erscheint in der Studie auch nach zwei Jahren Pandemie mit vielen Einschränkungen noch als stabil. Erwartbarerweise ist die Lebenszufriedenheit gesunken, Einsamkeit und Zukunftssorgen haben zugenommen.

Ein Faktor hat sich interessanterweise während der Pandemie und durch sie verändert: Das Vertrauen in die Exekutive, also die Regierung und ihre ausführenden Verwaltungen, ist Mitte 2020 gestiegen, später aber auf ein vorpandemisches Maß gesunken. Ebenso gestiegen ist die Solidarität im Nahumfeld. Das deckt sich mit Diskursen, die vor allem während des ersten Lockdowns 2020 vorherrschten. Nachbarschaftshilfe und aufeinander achten waren angesagt, für Pflegekräfte wurde von Balkonen und Fenstern aus geklatscht.

Der kleine Teil systemskeptischer Impfgegner:innen fällt in der Befragung besonders auf. Sie erleben wenig Zustimmung und sogar Streit in ihrem Umfeld, es zerbrechen soziale Beziehungen. Hier scheint, das zeigt auch die Umfrage, die gemeinsame Faktenbasis mit dem Rest der Gesellschaft abhandenzukommen. Zugleich wird der Nahraum oft als intakt wahrgenommen – etwas, das hoffen lässt.[20]

Unsere Begegnungen sind während der Coronapandemie massiv eingeschränkt worden. Gerade Treffen mit Bekannten und zufällige Begegnungen mit Fremden wurden weitgehend unterbunden. Folgerichtig stieg das Vertrauen in das Nahumfeld noch einmal, wir waren ihm ja verstärkt ausgesetzt. Das heißt im Umkehrschluss jedoch: Um Vertrauen im Fernumfeld zu erhalten oder es zu steigern, braucht es Begegnung. Nicht umsonst ist während der Pandemie das Vertrauen in die Institutionen, die uns fern sind, schnell wieder gesunken.

Die Gesellschaft und ihre Typen

Die Studien der Bertelsmann Stiftung werfen einen recht globalen Blick auf den Zusammenhalt in Deutschland. Wo sie unterscheiden, sind ihre Unterscheidungen klassisch: Ost/West, alt/jung, Bildungsstand und Einkommen. Die Studie »Die andere deutsche Teilung«[21] der Organisation More in Common wirft einen etwas anderen Blick auf den Zusammenhalt in Deutschland. Sie konstruiert mit sozialpsychologischen Methoden verschiedene gesellschaftliche Typen, die jeweils unterschiedlich auf Gesellschaft und Zusammenleben blicken. Auf Grundlage von Grundüberzeugungen und Wertefundamenten kristallisieren sich sechs gesellschaftliche Typen mit sprechenden Namen heraus: die Etablierten, die Involvierten, die Wütenden, die Offenen, die Pragmatischen und die Enttäuschten.

Während die Enttäuschten das Fehlen von Zusammenhalt und Gemeinschaft beklagen, setzen sich die Involvierten für eben dieses Miteinander ein. Die Studie führt eine zweite Ordnungsebene ein. Sie teilt die Typen anhand ihrer Stellung im Gemeinwesen in drei gesellschaftliche Segmente ein: Die Involvierten und die Etablierten bilden gesellschaftliche Stabilisatoren, die Offenen und die Wütenden die gesellschaftlichen Pole, und die Pragmatischen und die Enttäuschten das unsichtbare Drittel.

Gerade das dritte Segment gerät in politischen Debatten häufig aus dem Blick. Kein Wunder: Man weiß kaum etwas über sie und an öffentlichen Debatten beteiligen sie sich wenig. Hier liegt ein großes politisches Potenzial – es handelt sich immerhin um etwa ein Drittel der Gesellschaft, das sich politisch weitgehend abgekoppelt fühlt. Interessanterweise zählen 45 Prozent der unter 29-jährigen zu diesem Segment, während die Stabilisatoren überdurchschnittlich alt sind. Das alarmiert. Was passiert mit einer Gesellschaft, wenn die Pole wachsen oder politisch Uninteressierte die Mehrheit bilden?

Aufhorchen lässt auch die Politikerferne fast aller Typen: Nur 18 Prozent glauben, dass Politiker:innen sich für sie interessieren. Selbst bei den Stabilisatoren meinen dies nur gut ein Fünftel. Politik wird als abgehoben angesehen, die Autor:innen sprechen gar von einem »übergreifenden Repräsentationsdefizit«.[22] Die Distanz zwischen Bevölkerung und Politik ist groß, selbst in dem Teil der Bevölkerung, der die Gesellschaft eigentlich stabilisiert.

So vertraut Deutschland

In »Die Vertrauensfrage« bestimmen Jutta Allmendinger und Jan Wetzl die Probleme für Demokratien anhand der Diskrepanz zwischen Vertrauen in sich selbst, im Nahbereich und in das Gemeinwesen.[23] Diese Unterschiede verändern sich und gerade gesellschaftliche Transformationsprozesse sind Treiber dieser Veränderungen, ja sie führen erst dazu, dass es Unterschiede in der Selbst- und Fremdwahrnehmung gibt.[24]

Die Menschen in Deutschland haben großes Vertrauen in sich selbst. Nur etwa 15 % glauben daran, dass ihr Leben fremdbestimmt sei. Der Rest sieht sich selbst als Pilot:innen ihres Lebens, vor allem über Lohnarbeit wird persönlicher Erfolg definiert. Auch das Vertrauen in das unmittelbare Umfeld, das »kleine Wir«, wie die Autor:innen es nennen, ist hoch. Familie, Freunde, Bekannte – also Menschen, die man kennt – ihnen wird vertraut. Das Vertrauen in das »große Wir«, in die gesamte Gesellschaft, ist deutlich verhaltener: ein knappes Drittel vertraut bedingungslos – internationales Mittelfeld.

Die Vertrauensfrage

Bei welchen Themen weicht das Vertrauen in sich selbst vom Vertrauen in die Gesellschaft ab? Große Unterschiede finden sich in vier Bereichen: Familie, Erwerbstätigkeit, Fortschritt und gesellschaftliche Solidarität. In allen Bereichen vertrauen die Menschen sich selbst deutlich mehr als anderen. Familie halten fast alle für sehr wichtig, trauen das anderen aber nicht zu. Bei der Erwerbsarbeit ist es ähnlich: Die meisten arbeiten gern, aber nur 19 % trauen anderen zu, dass sie arbeiten würden, wenn sie nicht müssten. Spannend sind auch die Ansichten zum Sozialstaat: Er wird breit befürwortet, aber als leistungsgerechtes System – außer im Bereich Gesundheit. Dort darf es bedarfsgerecht zugehen, das heißt, man soll je nach Erkrankung angemessen behandelt werden. Allerdings trauen die Deutschen sich selbst ein wesentlich gesundheitsbewussteres Handeln zu als sie es ihren Mitmenschen unterstellen.

Durch alle Vertrauensformen hindurch zeigt sich eine Variable, die einen Unterschied macht: Bildung. Je mehr formale Bildung Menschen haben, desto heterogener sind die Netzwerke, desto mehr Vertrauen haben sie. Das heißt auch: Bildungsarmut ist – mehr noch als Einkommensarmut – ein Problem für die Vertrauensbeziehungen in

Deutschland. Unterschiede zwischen Ost und West sind erkennbar: In Ostdeutschland sind die Netzwerke homogener, die postmigrantische Gesellschaft des Westens und der Großstädte ist dort weniger präsent.

Wie Vertrauen in einer Gesellschaft verteilt ist, ist relevant für das Funktionieren der Demokratie. Wenn etwa bestimmte Gruppen signifikant weniger Vertrauen haben in sich, in ihr nahes Umfeld und in die Gesellschaft, lohnt es sich, genau hinzusehen und sich um die Ursachen zu kümmern. Nimmt das Vertrauen ab, kann es ein Indikator dafür sein, dass sich etwas verändert. Ist es verloren, wird es schwierig für Demokratien, zu funktionieren.

Ist Deutschland polarisiert?

Wie steht es um die häufig beschworene gesellschaftliche Polarisierung? Wie passt sie hier ins Bild? Man könnte Polarisierung als Gegenbegriff für Zusammenhalt sehen, obwohl das nicht ganz passt. Das Gegenteil von Zusammenhalt wäre vielleicht Zerfall, denn bei Polarisierung gibt es doch noch etwas Gemeinsames: die Uneinigkeit, die Abstoßung. In öffentlichen Debatten werden beide Begriffe aber häufig als Antipoden benutzt: Deutschland sei polarisiert, deshalb gebe es zu wenig Zusammenhalt, heißt es dann.

In der Forschung werden zwei Formen von Polarisierung unterschieden. Ideologische Polarisierung meint Unterschiede in den Haltungen von Menschen zu bestimmten Themen, etwa zu Migration, zu Klimaschutz, zum Fliegen, zu Veganismus. Affektive Polarisierung dagegen meint die Gefühle von Menschen gegenüber Mitgliedern einer Gruppe mit anderen Einstellungen als man selbst. Veganer:innen? Die wollen mir mein Steak wegnehmen, die mag ich nicht, die machen mich wütend.

Schaut man sich beide Formen von Polarisierung in Deutschland an, muss man feststellen: Es gibt sie kaum oder zumindest nicht stark ausgeprägt. Die meisten Menschen haben relativ moderate Haltungen zu den meisten Themen – es gibt keine ideologische Polarisierung, sondern einen breiten gesellschaftlichen Konsens. Vor allem bei der Gleichstellung verschiedener Lebensformen, bei Ungleichheit und Klimaschutz sind die meisten Menschen ähnlicher Meinung.

Die stärksten Differenzen gibt es bei den Themen soziale Ungleichheit und Migration und – neuerdings und in Deutschland stärker als in anderen Ländern – den Pandemiemaßnahmen. Allerdings sind es hier vor allem kleine Ränder, die gewachsen sind, aber nicht den gesellschaftlichen Konsens infrage stellen.[25] Die vermeintlichen beiden Großgruppen – wohlhabende, städtische Akademiker:innen mit linksliberalen Ansichten auf der einen; auf dem Land lebende, hart arbeitende Handwerker:innen mit eher konservativen Ansichten auf der anderen Seite – von denen einige Autor:innen schreiben – es scheint sie nicht zu geben, jedenfalls nicht als zwei antagonistische Gruppen, die nicht miteinander können.[26] Verschiebungen in Ansichten und Haltungen gab und gibt es – aber meist nur in eine Richtung. Die Haltungen der Deutschen werden immer liberaler. Natürlich gibt es Ränder, aber sehr stark ausgeprägt sind sie nicht.

Ebenso verhält es sich mit der affektiven Polarisierung, also den negativen Gefühlen gegenüber Gruppen mit anderen Ansichten. Es gibt natürlich Gruppen, die einander ablehnen. Bei der Parteipräferenz sind es vor allem Wähler:innen der Linken und Grünen, die AfD-Wähler:innen ablehnen – und umgekehrt. Aber auch hier sind die Abneigungen moderat, es gibt keine großen Lager, in die unsere Gesellschaft gespalten ist. Deutschland ist hier im Vergleich mit anderen Ländern schlicht Durchschnitt.[27]

Negativbeispiel USA

Wie es anders sein könnte, zeigen die USA. Auch aufgrund der Besonderheiten des dortigen politischen Systems – es gibt nur zwei große Parteien – kristallisieren sich die Unterschiede stärker. Man ist entweder konservativ, christlich, ländlich und republikanisch oder städtisch, progressiv und demokratisch. Beide Gruppen haben relativ wenig miteinander zu tun und ihre Gefühle zueinander sind überwiegend negativ.[28] Studien zeigen, dass die Annahmen übereinander meist wesentlich negativer sind als die Einstellungen in Wirklichkeit.[29] Das erstaunt, denn viele US-Amerikaner:innen wünschen sich eine weniger polarisierte Gesellschaft.[30] Und doch deutet im Moment wenig darauf hin, dass die US-amerikanische Gesellschaft in naher Zukunft weniger polarisiert sein wird.

Ein solches Szenario scheint Deutschland nicht zu drohen. Warum aber gibt es dann das weit verbreitete Gefühl, das Land drifte auseinander? Wie lassen sich verhärtete mediale Debatten erklären? Und warum bringen die Deutschen einander so wenig Vertrauen entgegen?

Die Triggerpunkte der Deutschen

Das haben jüngst der Berliner Soziologe Steffen Mau und sein Team untersucht. Sie fragen, in welchen Konfliktarenen diskutiert wird und wer eigentlich für welche Konflikte steht. Es ist doch erstaunlich: Eigentlich sind die Menschen in Deutschland bei vielen Themen nah beieinander, es existiert ein breiter Grundkonsens. Und doch vertrauen sie anderen Menschen weniger als sich selbst und ihrem Umfeld, und doch empfinden sie Deutschland als polarisiert. Warum sind öffentliche Debatte und unsere Wahrnehmung so weit weg von den Grundhaltungen der Menschen?

Einen Hinweis darauf kann das Konzept der Triggerpunkte liefern, die Mau und Co. untersuchen. Wir kennen sie aus der Physiotherapie: Es sind Punkte, die sehr schmerzen, wenn man sie drückt, manchmal auch an ganz anderen Stellen des Körpers. Ein Beispiel: Eine breite Mehrheit der Deutschen ist für die Gleichstellung aller Menschen und Geschlechter. Geht es ums Gendern, also eine Form der Sichtbarmachung aller Menschen, scheint bei vielen aber eine Grenze überschritten. Oder: Eine Mehrheit ist auch für die Gleichstellung von Transpersonen, eigene Öffnungszeiten im Schwimmbad lehnen sie aber als Sonderbehandlung mit potenziell unabsehbaren Folgen für Ansprüche anderer Gruppen ab.

Anstatt zu fragen, ob Deutschland als Ganzes polarisiert ist, ob sich zwei große Lager wie in den USA bilden und verhärten, untersucht das Team um Steffen Mau vier Konfliktarenen, die unterschiedlich funktionieren. Die vier Arenen sind die zwischen Arm und Reich, die um Klimaschutz, die zwischen Zugewanderten und hier Geborenen und die zwischen lebensweltlichen Minderheiten und der Mehrheit.

Triggerpunkte nagen an Selbstverständlichkeiten

Warum gibt es gerade an den Triggerpunkten Konflikte? In allen vier Konfliktarenen gibt es Zuspitzungen, bei denen Menschen sehr gegensätzliche Positionen haben. Das sind der Genderstern, die Regulierung von Migration oder die Frage, ob wir genug oder zu viel für den Klimaschutz tun.

Woher kommen diese starken Reaktionen, obwohl die Menschen sich doch relativ einig sind? Mau und seine Kollegen stellen fest, dass es vor allem Sachverhalte sind, die gegen einen impliziten Gesellschaftsvertrag verstoßen, die zum Beispiel als zu groß empfundene Verstöße gegen Vorstellungen von Normalität oder Gleichbehandlung sind, die Entgrenzung befürchten oder große Zumutungen an das Verhalten Einzelner drohen lassen. Sie zeichnen sich oft dort ab, wo abstrakte Prinzipien zu konkreten Verteilungsfragen werden. Plötzlich muss man sich konkret positionieren und Unterschiede werden sichtbar, häufig größer, als es dem Grundkonsens entsprechen würde. Dort, wo es zu ungleicher Verteilung kommt, etwa, weil bisher marginalisierte Gruppen plötzlich mit am Tisch sitzen, kommt es zu Konflikten.[31]

Und die großen, polarisierten Debatten? Die kommen auch daher, dass Polarisierungsunternehmer:innen die Triggerpunkte der Deutschen zu nutzen wissen. Das sind häufig politische Akteure, aber auch solche in den Medien. Überhaupt Medien: Sie leben von Zuspitzung. Geld fließt über Klicks und Auflage, seltener über gute Recherche. Weshalb sonst sitzt Sahra Wagenknecht in so vielen Talkshows, obwohl sie nur eine kleine Gruppe im Bundestag anführt? Sie verspricht Kontroverse – und oft gesendet hält man das rasch für ein Abbild der Gesellschaft. Die Polarisierung der Ränder, die es gibt, sie wirkt sich so auf die Gesamtgesellschaft aus. Arbeiten sich die Ränder aneinander ab und schweigt der Rest, wirkt es schnell, als sei das Land auf dem Weg zur polarisierten Nation.[32]

Zusammenhalt, Vertrauen, Polarisierung, Trigger – und Begegnung?

Was ist also die Diagnose? Deutschland geht es gut, der Zusammenhalt ist recht hoch, die Polarisierung niedrig, das Vertrauen moderat – Ende des Buches? Ganz so einfach ist es nicht.

Es ist etwas in Bewegung in Deutschland, wie auch in vielen anderen Ländern. Die großen Umbrüche in der Welt, die Herausforderungen der 2020er: Sie setzen die Gesellschaft unter Stress und es gibt kaum Zeit zum Ausruhen, zum Durchatmen. Das zeigt sich im abnehmenden Vertrauen ineinander und in Institutionen, das zeigt sich auch in den Triggerpunkten und immer schriller werdenden Debatten, in Gründungen von und Wahlergebnissen für populistische Parteien. Es zeigt sich auch in der Konjunktur des Begriffs des sozialen Zusammenhalts.

Vor allem das niedrige Vertrauen in die Mitmenschen und in viele Institutionen sollte aufhorchen lassen. Demokratien brauchen Vertrauen, sowohl der Menschen ineinander wie auch in die Institutionen der Demokratie, sonst funktioniert sie auf Dauer nicht. Demokratien sind darauf angewiesen, dass Bürger:innen sie anerkennen und nach den gemeinsamen Regeln leben, jedenfalls meistens. Abweichungen kann es geben, aber wenn Abweichungen überhandnehmen, wird die Gesellschaftsform dysfunktional – man kann sich nicht mehr auf die kollektiv verbindlichen Regeln verlassen. Es regiert das Recht des Stärkeren oder der Reicheren. Werte wie Toleranz, Rücksichtnahme oder Engagement für das Gemeinwesen sind deshalb der Kitt, der Bürger:innen und den Staat zusammenschweißt.

Vertrauensbeziehungen brauchen Räume, in denen sie entstehen

Und Begegnungsräume im Alltag? Bisher ist deutlich geworden, dass Menschen bei vielen Themen negativere Meinungen über andere als über sich selbst haben. Sie machen auch deutlich, dass die Menschen bei vielen Themen gar nicht so weit voneinander entfernt sind, wie sie es glauben. Das kann auf Dauer zum Problem werden: Warum sollten sie Entscheidungen mittragen, die vermeintlich nur anderen nützen? Vertrauensbeziehungen brauchen Räume, in denen sie entstehen. Begegnungsorte im Alltag sind hier nicht zu überschätzen, denn hier begegnen Menschen nicht nur einander, sondern auch der Demokratie, in der sie leben. Hier ragt die Gesellschaft in ihren Alltag hinein, hier entwickeln oder verlieren sie das Vertrauen in ihre Mitmenschen und das Gemeinwesen, hier schärfen sie ihre Haltungen – und verändern sie. Zusammenhalt, kann man verkürzend sagen, braucht Infrastrukturen – und zwar auch die Begegnungsinfrastrukturen im Alltag.

Jutta Allmendinger und Jan Wetzl plädieren in ihrem Buch für eine Politik des Vertrauens, für das Bauen von Brücken zwischen Individuen, ihrem Nahumfeld und dem großen Ganzen, kurz: für Infrastrukturen des Demokratischen. Um sie geht es im nächsten Kapitel.

3. Begegnungsorte als Infrastruktur von Demokratien

Gesellschaftlicher Zusammenhalt scheint also nicht die Lösung für die Krise der Demokratie zu sein, jedenfalls nicht so einfach. Zusammenhalt und Vertrauen haben Bedingungen. Dies spiegelt sich auch in der Kritik an der Omnipräsenz des Zusammenhaltsdiskurses wider. Jan-Werner Müller etwa, politischer Theoretiker in Princeton, meint, dass Konflikte zur Demokratie dazugehörten. Den Diskurs rund um gesellschaftlichen Zusammenhalt sieht er gar unter Kitschverdacht.[1] Menschen seien unterschiedlich und liberale Demokratien zeichneten sich dadurch aus, dass sie Wege der Konfliktaushandlung haben, um mit dieser Unterschiedlichkeit umzugehen, die nicht in Gewalt enden. Diese Wege der Konfliktaushandlung – wir nennen sie auch Institutionen – müssten allerdings funktionieren. Er plädiert deshalb für funktionierende *Infrastrukturen der Demokratie,* womit er vor allem Parteien und Medien meint.

Warum Infrastrukturen? Man könnte meinen, man bräuchte sie nicht, denn liberale Demokratien basieren auf unveräußerlichen Freiheitsrechten, etwa dem Recht auf freie Meinungsäußerung, Versammlung, Vereinigung; auf der Freiheit, sein Leben nach eigenem Gutdünken zu gestalten, sofern man niemandes Freiheit dadurch einschränkt. Sie basieren außerdem auf Abstimmungsmodalitäten, die die Mehrzahl der Bevölkerung direkt oder indirekt beteiligt, zum Beispiel durch Wahlen oder Abstimmungen über Themen. Alle vier Jahre wählen, zwischendurch einigen sich die Vertreter:innen und gut ist es? Nein.

Diese Rechte sind wenig wert, wenn sie nur für Einzelne – zum Beispiel vermögende, muskulöse, gut vernetzte Menschen oder ähnliches – durchsetzbar sind. Intermediäre Institutionen, also etwa Parteien, Medien und das Bildungssystem helfen dabei, dass Grundrechte breit nutzbar sind. Denn das Grundrecht auf Meinungsäußerung kann umso besser genutzt werden, je besser man informiert ist, etwa über Medien. Das Grundrecht, sich zu vereinigen wirkt besser, wenn es Organisationen gibt, die die Interessenaushandlung kanalisieren, also etwa Gewerkschaften oder Interessensverbände. Und politische Kompromisse werden durch Parteien vorstrukturiert. Mit dem Infrastrukturargument widerspricht Müller vehement populistischen Forderungen, das Volk müsse direkt regieren, Volksabstimmungen seien das Mittel der Wahl zu »mehr« Demokratie.

Infrastrukturen sind Grundlagen unseres Lebens: Ohne Strom und Wasser wäre es ungemütlich in unseren Wohnungen, eine Internetleitung verbindet uns digital mit der Welt, Straßen und Schienen tun es physisch. Das gilt auch für Demokratien, denn sie sind bei Weitem nicht mehr die freie Zusammenkunft von Menschen (Männern), wie sie im antiken Athen einmal erdacht wurden. Sie basieren heute auf Strukturen, die wir als Institutionen kennen. Diese Infrastrukturen der Demokratie strukturieren politische Prozesse, lenken sie in institutionelle Bahnen, wie wir sie in entwickelten Demokratien kennen. Sie erfüllen spezifische Funktionen für die Demokratie, die nicht ohne Weiteres ersetzbar sind.[2] Sie ermöglichen es Demokratien, ihre Konflikte und Konversationen zu ordnen, sich Meinungen zu bilden, Kompromisse auszuhandeln und Entscheidungen zu treffen. Sie sind die Grundlagen, auf denen Vertrauen erst entstehen kann.

Begegnungsorte sind Infrastrukturen der Demokratie

Parteien und freie Medien sind wichtig, aber sie sind nicht genug, damit Demokratien funktionieren. Demokratien brauchen noch mehr, sie brauchen eine Verankerung im Alltag der Menschen – etwa alltägliche Begegnungsorte. Sie als Infrastruktur zu benennen, rückt in den Vordergrund, dass sie eine wichtige Grundlage unseres Zusammenlebens sind. Ohne die gegenseitige Wahrnehmung, die zu Akzeptanz führen kann, ohne den Austausch miteinander, kurz ohne die demokratische Irritation ist es schwierig, sich auf kollektiv verbindliche Regeln zu einigen. Menschen vertrauen einander nicht, vermuten beim Anderen nur Schlechtes – und reagieren entsprechend egoistisch oder protektionistisch. Vertrauen ist zentral für freiheitliche Demokratien.

Begegnung wird und Begegnungsorte werden von unterschiedlichen Autor:innen mit verschiedenen Begriffen als Infrastruktur behandelt: zivile Infrastruktur, Dritte Orte, Soziale Orte, öffentliche Infrastruktur. Sie akzentuieren Unterschiedliches, aber bei allen geht es um Begegnungsorte und ihre Wirkungen.

Begegnung als zivile Infrastruktur

Da sind etwa die sozialen oder zivilen Infrastrukturen. Während manche darunter vor allem Einrichtungen aus dem Bereich der sozialen Hilfe verstehen, also Krankenhäuser, Jugendhilfe und Co.,[3] sehen andere explizit Begegnungsorte als wichtige soziale Infrastruktur der Demokratie. Der US-amerikanische Soziologe Eric Klinenberg beschreibt zum Beispiel in seinem Buch »Palaces for the People«, wie Bibliotheken, Kirchen, Parks, Bordsteine, Sportstätten, ja selbst kommerzielle Orte wie Einkaufszentren zu Orten werden, die ein soziales Netz aufspannen, das Stadtvierteln und Gemeinschaften dabei hilft, Krisen zu meistern.

Ihn treibt die Frage um, warum manche Stadtviertel Krisen besser bewältigen als andere – trotz sonst sehr ähnlicher soziodemographischer Daten wie Einkommen, Altersverteilung, Vermögen. Diese Fähigkeit wird heute meist als Resilienz bezeichnet. Und er stellt fest: Viertel mit funktionierender sozialer Infrastruktur bilden Auffangnetze, mit denen sich Krisen einfacher meistern lassen. Kennt man die Nachbarn aus dem Gemeinschaftsgarten, geht man bei großer Hitze schauen, wie es ihnen geht. Gibt es eine aktive Kirchengemeinde, hilft man einander bei Hurricanschäden. Robuste soziale Infrastrukturen, folgert er, befördern den Kontakt und die gegenseitige Hilfe von Menschen, erleichtern die Zusammenarbeit von Freund:innen und Nachbar:innen. Er geht sogar noch weiter und beschreibt lokale Interaktionen als Bausteine allen öffentlichen Lebens. Ohne Begegnung keine Bindungen zwischen Menschen und ohne zivile Infrastruktur keine Begegnung untereinander. Selbst das tägliche Pendeln in vollen Zügen hat für den Soziologen Klinenberg eine Bedeutung: Es ermöglicht den Passagieren, die Unterschiedlichkeit ihrer Gesellschaft konkret wahrzunehmen. Sie müssen für Ein- und Ausstiege, für Sitzplatzvergaben sogar kooperieren – und Vertrauen darin entwickeln, dass andere sie nicht auf die Gleise oder vor den Bus stoßen.[4]

Was fehlt im Leben zwischen ersten und zweiten Orten

Andere, aber nicht minder negative Auswirkungen des Fehlens von Begegnungsorten beschreibt der Soziologe Ray Oldenburg für die US-amerikanische Mittelschicht: Diese pendle zwischen ihrem Haus in der Vorstadt und dem Arbeitsplatz, vorzugsweise allein und im PKW.[5] Die Folgen? Die Menschen veröden geistig, ihre Themen kreisen um Familie und Arbeit. Was fehlt sind Dritten Orte, wie Oldenburg sie nennt, an denen man irritiert wird und nicht eng eingebunden ist. Eine Folge dieser sozialen Verödung: hohe Scheidungsraten.

Als Dritte Orte bezeichnet er solche, die zwanglose, auch zufällige Begegnungen ohne große Absicht ermöglichen – also ganz ähnlich wie Klinenberg: Cafés, Malls, Friseursalons, Bars, Parks und viele mehr. Was sie verbindet, ist, dass sie für ihre Besucher:innen neutrale Orte sind, an denen sie erst einmal alle gleich sind. Bestehende Rollen- und Statusunterschiede werden weitgehend neutralisiert. Betritt man ein Café, ist man nicht mehr Chefin oder Untergebene, sondern Besucherin und kann in ein Gespräch mit einem Milliardär über die Kaffeeauswahl eintreten, ohne dass es seltsam wirkt. Die Stimmung ist spielerisch und kontrastiert mit dem Ernst der Familientafel und des Arbeitsortes. Auch architektonisch sind die Orte oft flach, sie weisen keine baulichen Hierarchisierungen auf. Die Schwelle am Eingang ist meist flach. Das Timing ist außerdem lose, man kann kommen und gehen ohne fixen Zeitplan. Die Hürden sind, kurz, gering.

Das hat Effekte sowohl auf die Menschen selbst wie auch für die Gesellschaft. Zentral ist für Oldenburg die Befriedigung des menschlichen Bedürfnisses nach Neuheit, nach neuen, unerwarteten Eindrücken. Das regt an, es verändert beinahe gezwungenermaßen die Perspektive auf Welt und andere Menschen. Außerdem heben Dritte Orte die Laune beinahe automatisch.[6]

Aber das ist noch nicht alles: Auch gesellschaftlich sind Dritte Orte wichtig. Ihre Relevanz für Demokratien erkennt man auch daran, wie reglementiert sie in Autokratien sind. Klar, es gibt überall Cafés und Friseure, der Aufenthalt im öffentlichen Raum ist in autokratisch regierten Ländern jedoch eingeschränkter und die Gründung von Clubs und Vereinigungen nur sehr begrenzt erlaubt, Kirchen, Gewerkschaften und Sportverbände gleichgeschaltet. Die demokratischen Revolutionen im Europa des 19. Jahrhunderts gingen häufig von solchen Clubs aus, von Diskussionen in Wirtshäusern, die in der Gründung von Vereinigungen mündeten. Die Bildung und Artikulation abweichender Meinungen – sie kann für Autokratien gefährlich werden.[7]

Soziale Orte liegen nicht unbedingt zentral

Und in Deutschland? Hier denkt man etwas technischer über Begegnungsorte nach. Im Zentrum steht die Raumordnungsdebatte, also die Frage, wie in Deutschland Schulen, Krankenversorgung, Kultur und andere Infrastrukturen geplant werden. Hier drehte sich lange alles um sogenannte Zentrale Orte. Das Konzept unterteilt das Land in Ober-, Mittel- und Unterzentren, die jeweils bestimmte Infrastrukturen bereitstellen sollen. Kriterium ist im Wesentlichen die Größe des Ortes. Am Beispiel Bildung verdeutlich heißt das etwa: Grundzentren halten Kitas und Grundschulen vor, Mittelzentren darüber hinaus Oberschulen und Gymnasien, und Oberzentren zusätzlich noch Hochschulen. Zentrale Orte sollen Regionen integrieren, Identifikationspunkt sein und die Versorgung der Bevölkerung mit sozialen, wirtschaftlichen und kulturellen Angeboten sicherstellen.[8]

An diesem Konzept gibt es erhebliche Kritik. Es führt zu einer stärkeren Ungleichheit zwischen zentralen und peripheren Gebieten. Menschen fühlen sich abgehängt, denn die Erreichbarkeit von verschiedenen Angeboten der Daseinsvorsorge, von Kunst und Kultur, Bildung und Begegnung hängt auch von der Verkehrsinfrastruktur ab. Das Konzept ist auf Autofahren als Voraussetzung für Teilhabe ausgerichtet. Gerade in schrumpfenden Regionen hat das Konzept erhebliche Defizite: Es verstärkt diesen Prozess nur noch. Wo etwa Kinder weniger werden, schließen Schulen und die Musikschule, deshalb ziehen keine Familien nach – ein sich selbst verstärkender Prozess.[9]

Deshalb argumentieren die Soziologin Claudia Neu und ihre Kollegen für ein neues Konzept: die Sozialen Orte. Es beschreibt Orte, an denen Menschen einander begegnen.[10] Im Gegensatz zu den Zentralen Orten sind sie nicht primär staatlich geplant, Menschen gestalten sie häufig selbst. Es sind selbst gestaltete Plätze und Parks, ein Begegnungscafé, ein Garten und vieles mehr – vor Ort, wo Menschen leben und sich einbringen wollen.[11]

Diese Sozialen Orte fehlen zunehmend in Deutschland. Das hat massive Folgen. Zentral: Menschen haben ungleichen Zugang zu Infrastrukturen. Die Gleichwertigkeit der Lebensverhältnisse, wie sie im Grundgesetz steht, wird so nicht erreicht.[12]

Eins macht die Diskussion um Soziale Orte eindrücklich klar: Es braucht diese Infrastrukturen für den sozialen Zusammenhalt – und sie müssen mit Leben gefüllt werden. Eine zentrale Planung reicht nicht aus, zumal Planung und Nutzung oft sehr unterschiedlich ausfallen. Politik, Verwaltung und Wissenschaft sind oft nicht nah dran am Geschehen vor Ort – da helfen auch nicht punktuelle Beteiligungsverfahren bei Großprojekten. Der Begriff der Sozialen Orte weist auf diese »anderen« Orte hin, an denen Begegnung und Engagement stattfinden und sozialer Zusammenhalt entsteht. Es weist auch auf das »Andere« geplanter Orte hin, also die konkrete Nutzung, die oft nicht in Planungsprozessen zu erfassen ist.

Infrastrukturen und inklusive Teilhabe

Wenn Begegnungsorte so zentral sind, wie lassen sich Begegnungsinfrastrukturen dann neu denken? Der grüne Vordenker Peter Siller macht sich dafür stark, einen neuen Teilhabebegriff zu entwickeln. Er dreht sich zentral um die Teilhabe über öffentliche Infrastrukturen. Das unterscheidet sich von einem Teilhabebegriff, der sich an Einkommen – verteilt über den Arbeitsmarkt oder den Sozialstaat – orientiert.

Was meint er damit? Siller unterteilt den Begriff öffentlicher Infrastrukturen in Netze und Räume. Netze, das sind etwa Straßen und Schienen, Daten- und Energienetze, Ver- und Entsorgungsnetze. Sie verbinden Orte. Räume meint vieles: öffentliche Plätze, Parks, Bibliotheken, Jugendeinrichtungen und einiges mehr.

Öffentliche Räume sind dann gut, wenn sie das ermöglichen, was Siller *allgemeine* Begegnung nennt. Damit meint er die potenzielle Begegnung aller möglichen Gesellschaftsmitglieder. Diese braucht es, weil Demokratien Regeln finden müssen, die für die allermeisten gerecht sind. Dazu müssen sich die Mitglieder eines Gemeinwesens wahrnehmen – gerade auch solche Gruppen, die sich wenig an der politischen Meinungsbildung beteiligen. Mehr noch: Siller sieht in der allgemeinen Begegnung das Republikanische verwirklicht. Man erfährt, dass man sich über alle Differenzen hinweg einigen muss – und es kann. Begegnung ist für ihn das Gegenmodell zu Echokammern und Blasen, sie ist das, was die liberale Demokratie ausmacht.[13]

Und er hat einen Punkt: Demokratie ist oft anstrengend, man muss viel aushalten. Irgendwo muss man sie auch als positiv erleben, um sie nicht nur abstrakt gut zu finden. Sie muss – auch – positive Gefühle hervorrufen. Das zeigt sich etwa auf Demonstrationen, wo man mit vielen Menschen ungefähr für die gleiche, selten jedoch für genau dieselbe Sache streitet.[14] Es zeigt sich aber auch auf öffentlichen Plätzen, in Kneipen, im Stadtpark, im Sportverein. Aber Begegnungen müssen nicht immer angenehm sein. Man erfährt Gesellschaft auch, indem man sich reibt, indem man irritiert ist. Rufen Begegnungen jedoch überwiegend negative Erfahrungen hervor, werden sie dysfunktional. Man meidet sie dann, wenn man kann – aus negativer Begegnung wird weniger Begegnung.

Inklusive Teilhabe – ein neuer Leitbegriff?

Mit welchem Leitbild ließen sich öffentliche Infrastrukturen neugestalten? Siller macht einen interessanten Vorschlag, der auch den Grundlagen unserer liberalen Demokratie entspricht: inklusive Teilhabe. Wie kann inklusive Teilhabe von Netzen und Orten gelingen?

Seine Idee: Orte (und Netze) danach beurteilen, ob sie die spezifischen Hürden unterschiedlicher Menschen abbauen – also ob sie »inklusive Qualität« besitzen. Er beschreibt damit, dass nicht einzelne Gruppen bessergestellt, sondern für eine Gleichstellung aller Menschen gesorgt werden soll, abhängig von ihren jeweiligen Benachteiligungen. Bestehen also Hürden, sollen diese abgebaut bzw. die Menschen befähigt werden, diese zu überwinden. Inklusive Qualität meint konkret (1) ein qualitativ hochwertiges Gut, also einen schönen Park, zugängliche Informationen oder schnelles Internet; (2) eine nicht-exklusive Zugänglichkeit; (3) die Möglichkeit allgemeiner Begegnung und (4) eine gute, d.h. effiziente, effektive und partizipative Organisation dieser Güter.[15] Inklusive Qualität kann ein Maßstab sein, an dem sich die Qualität von Begegnungsorten beweisen muss.

Ein gesellschaftlicher Strukturwandel lässt Begegnungsorte verschwinden

Zivile Infrastrukturen, Dritte oder Soziale Orte oder öffentliche Infrastrukturen – über Begegnungsorte wird unter vielen Begriffen diskutiert. Die Autor:innen sind sich einig, dass Begegnung gesellschaftlich eine wichtige Rolle zukommt und dass über Begegnungsorte mehr nachgedacht und gesprochen werden sollte. Und sie machen alle eine Verbindung zur Demokratie: Diese Orte, sie sind nicht einfach nice to have, sie sind integraler Bestandteil des Funktionierens von Demokratien. Sie ermöglichen Menschen, niedrigschwellig zusammenzukommen, oft ohne die klare Intention, das zu tun. Sie ermöglichen das Erleben von Gesellschaft, häufig mit leichten Kontaktmöglichkeiten. Sie bringen neue Eindrücke, befriedigen die menschliche Neugier. Viele Orte schaffen es auch, Menschen sich ausleben zu lassen, ihren Interessen und Hobbys nachzugehen.

Was aber, wenn Begegnungsorte zunehmend fehlen? Genau das passiert seit mehreren Jahrzehnten. Das hat nicht einen zentralen Grund, verschiedene Prozesse greifen ineinander: Der öffentliche Raum wurde stärker privatisiert, an (nicht nur sozialen) Infrastrukturen in Zeiten knapper Kassen gespart, die Wirtschaft hat sich stärker transformiert als in den Jahrzehnten davor. Veränderungen in der Freizeitgestaltung und das langsame Verschwinden von Großorganisationen tun ihr Übriges. Unsere Gesellschaft hat sich verändert. Aber der Reihe nach.

An Infrastrukturen wurde gespart

Den Infrastrukturen in Deutschland geht es schon eine ganze Weile nicht gut. Spätestens in den 1990er Jahren setzte ein Sparprozess ein: Schwimmbäder wurden geschlossen,[16] Verwaltungsbudgets gekürzt, Jugendclubs zusammengelegt, Bahnhöfe dicht gemacht – die Kassen waren leer. Der Staat hat sich zurückgezogen, öffentliche Institutionen wurden weniger, Demokratie dadurch weniger erfahrbar. Der Zeitgeist war auf Effizienz getrimmt, auf Privatisierung und Kostensenkung, alles vermeintlich »Überflüssige« fiel dem zum Opfer. Überflüssig erschien oft das, dessen Nutzen nicht zu beziffern war. Diese oft verkürzt als Neoliberalismus bezeichnete Denkweise führte zu einem veränderten Verhältnis von Staat und Bürger:innen. In vielen Bereichen war es eine Befreiung aus trägen Strukturen. In anderen Bereichen fielen Infrastrukturen weg, deren Fehlen wir heute bedauern. Die 2000er und die Finanzkrise ab 2008 haben diesen Prozess nur weiter verstärkt. Begegnungsorte? Darauf konnte man verzichten, wenn das Geld knapp war.

Das Ganze ist eingebettet in einen längeren gesellschaftlichen Prozess. Der Abschied von der Massengesellschaft, von den Großorganisationen wie Kirchen, Gewerkschaften und Volksparteien, verändert unsere Gesellschaft. Kirchen haben mit massiven Austrittswellen zu kämpfen, die zu einer alternden Mitgliedschaft hinzukommen.[17] Ähnlich geht es Parteien: Die großen Volksparteien sind so groß nicht mehr, und die Eintritte in kleinere Spartenparteien gleichen die Austritte und das Sterben der Mitglieder nicht aus. Die Mitgliedschaft in einer Partei ist nicht mehr en vogue.[18] Und trotz so vieler Arbeitskräfte wie noch nie verlieren auch Gewerkschaften massiv an Mitgliedern.[19] Damit fallen auch viele Begegnungen weg: beim Gottesdienst, Gemeindecafé oder Kirchenfest, Infostand, Parteistammtisch und Parteitag, Bildungsseminare im Gewerkschaftshaus und mehr.

Auf dem Weg zur individualisierten Massenkultur

Der Abbau von Massenorganisationen hat seine Entsprechung in einer Veränderung von Lebensstilen. Menschen streben nach immer individuelleren Lebensentwürfen – Masse ist out. Auch das ist auf der einen Seite eine große Befreiung. Menschen haben mehr Freiheiten, herauszufinden und auszuleben, was ihnen Spaß macht, was ihnen entspricht. Der soziale Druck, ein normkonformes Leben zu führen, sinkt. Das ist eine Stärke liberaler Demokratien. Dass auch die vermeintliche Individualisierung zur Massenkultur werden kann: geschenkt.

Diese Entwicklung bestätigen die Forschungen des Soziologen Andreas Reckwitz. Er analysiert einen gesellschaftlichen Strukturwandel seit den 1970er Jahren, der sich von einer Logik des Allgemeinen hin zur Logik des Singulären entwickelt. Die gesellschaftliche Erwartung wird immer weniger, dass man sich eingliedert ins gesellschaftliche Ganze, sondern, dass man etwas Eigenes, etwas Besonderes tut und darstellt. Streben alle oder zumindest viele nach dem Besonderen, wird es schwierig, Gesellschaft zusammenzuhalten.[20] Wer interessiert sich noch für den stinknormalen Park in der Nachbarschaft, für das kleine

Café, für den Vorsitz im Sportverein? Es lockt mehr, die besten Pancakes von Deggendorf zu essen (und sie medial zu dokumentieren), die architektonisch außergewöhnliche Bibliothek zu besuchen oder eine kleine Initiative zum Schutz von Korallenriffen vor den Malediven selbst aufzubauen. Erodiert das Interesse für das Normale, das Allgemeine, so erodieren auch die Infrastrukturen des Sozialen, die nicht dem Anspruch des Besonderen entsprechen.

Heute merken wir, dass es mit der Vernachlässigung von Infrastrukturen häufig zu weit getrieben wurde. Bibliotheken sind kaputtgespart, Schwimmbäder verschwunden, Jugendclubs haben, wo es sie noch gibt, begrenztere Öffnungszeiten und vielerorts fehlt der ÖPNV, um Begegnungsorte zu erreichen. Es bleibt der automobile Individualverkehr für die, die es sich leisten können und alt genug oder noch nicht zu alt sind. Damit fallen auch wichtige Halteseile weg, wie sie Massenorganisationen und starke soziale Normen, starke Vorstellungen vom guten und richtigen Leben und eine Orientierung am Allgemeinen boten.[21] Phänomene wie Einsamkeit, Haltlosigkeit und Vereinzelung sind weitverbreitete Folgen. Individualisierung ist auch Stress.

Ungleiche Begegnungsmöglichkeiten und Homophilie

Aber es ist nicht nur das abnehmende Engagement und die stärkere Orientierung auf das Besondere, die bedenklich für das demokratische Zusammenleben sind. Es ist auch die Ungleichheit im Zugang zu Begegnungsorten, die territoriale Ungleichheit, wie das Team um Claudia Neu es nennt.[22] Wie sollen Menschen sich in einer Gesellschaft weiterhin als Gleiche erleben, wenn ihr alltägliches Erleben ein ungleiches ist? Wie sollen sie einander überhaupt erleben, wenn sie sich kaum noch begegnen?

Das hat auch etwas mit einem Mechanismus zu tun, dem die meisten Menschen unterliegen: Wir umgeben uns gern mit Menschen, die uns möglichst ähnlich sind. Es ist einfach angenehmer, zumindest unsere Freizeit mit Menschen zu verbringen, denen wir wenig erklären müssen. Die Soziologie nennt dieses Phänomen Homophilie.[23] Nun ist es nicht so, dass Deutschland vor allem aus sich abschottenden Milieus besteht. Das hat der gerade erschienene Zusammenhaltsbericht des Forschungsinstituts Gesellschaftlicher Zusammenhalt bestätigt. Allerdings: Es gibt einige Gruppen, die homogenere Netzwerke haben als andere, das heißt die sich vor allem mit Menschen umgeben, die ihnen sehr ähnlich sind. Das sind in politischer Hinsicht Anhänger:innen der Grünen ebenso wie bei der AfD, Menschen mit hoher Bildung und Großstadtbewohner:innen.[24] Je homogener die Netzwerke, desto einseitiger ist die Erfahrungswelt, in die wir Einblick haben. Verständnis für andere Lebensrealitäten wird so schwieriger.

Fehlende Infrastruktur, fehlerhafte Demokratie?

Was geschieht, wenn Begegnungsorte fehlen? Eric Klinenberg hat darauf hingewiesen, dass Begegnungsinfrastrukturen ein soziales Netz in Stadtvierteln (oder Dörfern) aufspannen, das (nicht nur) in Katastrophen den Menschen hilft, füreinander da zu sein. Fehlen sie, so ist die Resilienz für Katastrophen schlechter. Das hat in Klinenbergs Beispiel dramatische Folgen: Es sterben mehr Menschen, wenn das soziale Netz weniger stark ausgebildet ist.

Bei Ray Oldenburg geht es nicht um Leben und Tod. Er zeigt, dass Dritte Orte die Bedürfnisse nach Neuheit und Leichtigkeit erfüllen, gegen Verödung helfen, Hierarchien aufbrechen. Fehlen diese Orte, so steigen die Scheidungsraten – auch eine mittlere Lebenskrise für alle Beteiligten.

Und die Debatte um Soziale Orte weist darauf hin, dass Begegnungsinfrastrukturen nicht nur zentral geplant werden können, sondern vor allem vor Ort entstehen und dieses Engagement ernst genommen und gefördert werden soll. Die zentrale Planung von Infrastrukturen hängt strukturschwache Regionen weiter ab, und sie verhindert, dass Menschen gleichwertige Lebensverhältnisse haben. Um Unterschiede auszugleichen, ist ein Blick auf die von den Personen vor Ort geschaffenen Orte wichtig. Sie zu fördern ist eine Möglichkeit, um Menschen Teilhabe zu ermöglichen.

Der Verlust von sozialem Kapital

Der Soziologe Robert Putnam beschreibt eine weitere Dimension des Verlustes von Begegnung. Bereits im Jahr 2000 beschrieb er den Kollaps (und die Wiedergeburt) der US-amerikanischen Gemeinschaft(en). In seinem Buch »Bowling alone« stellte er fest, dass nach einer Hochphase nach dem Zweiten Weltkrieg am Ende des Jahrtausends fast überall in den USA die Mitgliederzahlen erodierten: Bowling-Ligen mussten schließen, Bridgeclubs und Veteranenzentren hatten Probleme, ihre Aktivitäten aufrecht zu erhalten und selbst die einst starke Bürgerrechtsbewegung hatte Probleme, ihre Lokalgruppen weiterzuführen.[25] Das soziale Kapital, das mit diesem Engagement einherging, es wurde weniger.

Soziales Kapitel – das ist das Kapital, das Menschen aus ihren Netzwerken ziehen. Kennt man einen Anwalt, kann dieser mit einer unverbindlichen Rechtsberatung helfen. Hilft man dem Nachbarn mit einer Gartenschere aus, wird dieser sich vermutlich irgendwann revanchieren – oder bekommt keine Gartenschere mehr. Und dass ein Unternehmen eine neue Stelle ausschreibt, erfährt man am schnellsten bei der abendlichen Bowlingrunde oder beim Ortsverein der Partei – noch bevor die Stellenausschreibung veröffentlicht ist. Dieses Kapital hilft Individuen: Sie finden einen neuen Job, können sich bei der Nachbarin etwas leihen und sich rechtlich absichern. Es hilft aber auch der Gesellschaft: Wenn die Nachbarschaft aufeinander aufpasst und die Kriminalitätsrate deshalb niedrig ist, profitiere ich, auch wenn ich kaum zuhause bin. Und je größer die Reziprozitätserwartungen, also die Erwartungen, sich gegenseitig auszuhelfen, in Netzwerken sind, desto leichter lässt sich Hilfe organisieren. Soziolog:innen sprechen dann von generalisierter Reziprozität, also der generalisierten Erwartungen, einander zu helfen. Es entsteht, anders ausgedrückt, eine Umgebung mit hohem Vertrauen.[26]

Soziales Kapital bekommen wir über unsere Familie, klar, und auch im beruflichen Umfeld bauen wir wichtige Netzwerke auf. Aber es entsteht auch durch die freiwilligen Aktivitäten von Menschen, über ihr Engagement und ihre Hobbys. Und genau dieses soziale Kapital hat in den Jahrzehnten vor 2000 in den USA abgenommen. Putnam interessiert vor allem die Abnahme von Engagement in freiwilligen Organisationen. Und damit sind wir bei einigen der Begegnungsorte, die in diesem Buch eine Rolle spielen: Bowlingligen und Bürgerrechtsbewegungen, Rotary Clubs und politische Parteien, Nachbarschaftstreffs und Kirchen.

Medien, Mobilität und Generationen – ein gesellschaftlicher Strukturwandel

Das Verdienst von Putnam ist es, dass er für seine Studie anhand von großen Datenmengen errechnet, welche Gründe es für diese Veränderungen gibt. Er findet vor allem solche Ursachen, die im Verhalten der Menschen selbst liegen. Die gesteigerte Mobilität von Menschen und der Wegzug aus den Innenstädten in weniger dicht besiedelte Vorstädte tragen, ebenso wie die Verbreitung von Massenmedien in die Wohnzimmer der US-Amerikaner:innen, zum geringeren Engagement der Menschen bei. Wichtigster Treiber ist aber der Wandel von Werten zwischen Generationen: Für jüngere Generationen sind starke soziale Netze wie die Familie weniger relevant. Sie sind mobiler und stärker durch Massenmedien (damals noch Zeitung, Radio, aber vor allem Fernsehen) geprägt als durch persönliche Begegnungen. Die Kriegsgeneration, die nach dem zweiten Weltkrieg dominant war, trat – sicher auch aus eigener Erfahrung – aktiver für Demokratie und Gemeinschaft ein. Die Jüngeren engagieren sich eher punktuell in sozialen Bewegungen als langfristig in Vereinen, trainieren eher im Fitnessstudio als im Sportverein. Dieser gesellschaftliche Strukturwandel verringert erst einmal das soziale Kapital, auf das sie zurückgreifen können – und es verändert langfristig das Leben in den jeweiligen Nachbarschaften.

Demokratie ohne Sozialkapital

Putnam zeigt, dass der Wegfall von Engagementorten sich auch negativ auf die Demokratie auswirkt. Engagement hat mehrere Effekte, etwa das Lernen von Aushandlungen und Kompromissen, davon, seine Position vor anderen zu vertreten, aber auch Kompromisse einzugehen. Auch das Vertrauen ineinander wächst bei regelmäßiger Interaktion, Menschen denken dann weniger schlecht voneinander. Durch freiwillige Vereinigungen wird darüber hinaus die Interessenartikulation nach außen kanalisiert und sichtbar, und damit sozusagen zu Adressen in der gesellschaftlichen Landschaft.[27]

Das abnehmende Engagement der gesellschaftlichen Mitte trägt so zum Eindruck einer polarisierten Gesellschaft bei. Wenn die Ränder lautstark für ihre Interessen eintreten, bestimmen sie den Diskurs. Putnam kartografiert die Veränderungen der US-amerikanischen

Gesellschaft am Ende des 20. Jahrhunderts genau. Er findet eine konsumorientierte, weniger gemeinschaftsorientierte, mobile Gesellschaft vor, deren soziales Kapital abgenommen hat. Ähnliche Studien gibt es in dieser Breite nicht für die deutsche Gesellschaft. Wir haben aber gesehen, dass die Entwicklungen ähnlich sind: eine individualisiertere Kultur, weniger Engagement in Massenorganisationen, der Wegfall öffentlicher Infrastrukturen.

Wo Deutschland sich begegnet

Bisher war es vor allem eine Verlusterzählung: Demokratie fehlt zunehmend Begegnung, und das hat negative Effekte. Nun ist es aber nicht so, dass es gar keine Begegnungsorte mehr gäbe. Wo begegnet sich Deutschland eigentlich? Was sind die häufigsten Begegnungsorte? Eine Studie von More in Common und die »Vermächtnisstudie« des Wissenschaftszentrums Berlin geben einige Anhaltspunkte. Ganz oben auf der Liste, die More in Common erfragt hat, und über alle Bevölkerungsgruppen hinweg stehen Orte der Alltagsroutine: Supermärkte und Drogerien, Restaurants und Biergärten, Einkaufszentren und Cafés gehören für die Deutschen zu den häufigsten, nämlich mindestens monatlich besuchten, Begegnungsorten. Mindestens jährlich besuchten die Befragten Möbelhäuser, Ämter, Zoos, Friseure und Kinos. Interessant ist: Die Häufigkeiten variieren kaum je nach Wertevorstellung und Überzeugung, je nach gesellschaftlichem Segment in der Studie von More in Common. Orte des täglichen Bedarfs, Konsumorte und Ämter – hier finden sich die Menschen zusammen.[28]

Auch die schon angesprochene Vermächtnisstudie hat untersucht, welche Orte den Menschen am wichtigsten sind. Das Bild ist ähnlich: Den Arbeitsplatz nannten 48 %, Kneipen, Cafés, Bibliotheken und andere öffentliche Orte 44 %, ein Drittel die Nachbarschaft und organisierte Treffen und Veranstaltungen, beispielsweise im Verein.[29] Auch hier sind es vor allem Alltagsorte, ergänzt durch Engagementorte und die Nachbarschaft, an denen Deutschland sich begegnet. Alltag verbindet – zumindest potenziell.

Erreichbarkeit von Begegnungsorten

Dass es Begegnungsorte gibt, sagt noch nicht viel darüber aus, wer wie was auf welche Weise erreichen kann. Viele Cafés, Kneipen oder Schwimmbäder an einem Ort bringen Wenigen viel, aber Vielen wenig. Was lässt sich darüber herausfinden? Zu Straßen, Schienen, Wasserwegen, Datenleitungen und mehr gibt es detaillierte Karten. Man kann oft bis auf den Zentimeter genau bestimmen, wo sie liegen und wie sie verbunden sind. Informationen über die Lage und Erreichbarkeit von Begegnungsorten sind nicht so leicht zu finden. Für die meisten Arten von Begegnungsorten gibt es schlicht kaum Daten, sie scheinen weder kartographiert noch relevant zu sein. Am ehesten findet man Informationen darüber, wie sich die Anzahl, manchmal nach Bundesland verteilt, von Orten über die Zeit verändert hat. Diese Zahlen spielen in den folgenden vier Kapiteln immer wieder eine Rolle.

Was die Lage der Orte angeht, wird es schwieriger, Daten zu finden. Es mag ja viele Kneipen geben, aber wenn sie alle in Berlin Neukölln oder auf St. Pauli sind, haben nur wenige etwas davon. Deshalb spielt die Verteilung eine wichtige Rolle. Was findet man? Apotheken, Krankenhäuser, Urologen, Tankstellen, Hallen- und Freibäder, Kindergärten, Schulen, Arbeitsämter, Polizei und sogar Covid-Impfzentren – eine bunte Mischung.[30] Vieles davon korrespondiert mit den Infrastrukturen, die im Zentrale-Orte-Konzept für relevant erachtet werden.

Einige Beispiele: Hausärzte und Grundschulen sind in Deutschland mit dem Auto recht schnell erreichbar, mit öffentlichen Verkehrsmitteln dauert es etwas länger. In einer halben Stunde sind über 80 % der Bevölkerung an diesen Orten. Allerdings: Es gibt einige weiße Flecken auf der Karte, vor allem in Ostdeutschland, in Nordbayern, Baden-Württemberg, der Pfalz. Dort dauert es zum Teil deutlich länger, an einen der genannten Orte zu kommen – ohne Auto wird es oft fast zur Unmöglichkeit, der Bus fährt nur ein paar Mal am Tag oder sogar in der Woche, häufig endet er an der Landkreisgrenze und man muss umständlich umsteigen. Erreichbarkeit wird so zu einer Frage des Alters und des Geldbeutels.

Das bestätigt sich, wenn man sich die Nähe zu Haltestellen und Bahnhöfen anschaut: Die Bahn-Lobbyorganisation Allianz pro Schiene hat Daten zur Erreichbarkeit der nächsten Bushaltestelle und des nächsten Bahnhofes erhoben und in einem Atlas zusammenstellen lassen. Hier findet sich die Unterscheidung von strukturstarken und strukturschwachen Regionen wieder: In der Uckermark ist die Erreichbarkeit des ÖPNV wesentlich schlechter als in Stuttgart, auf dem Land (meist) schwieriger als in Städten. Auch das strukturstarke Autoland Bayern macht es Menschen auf dem Land nicht leicht, einen Bahnhof zu erreichen – das Auto bleibt für viele ein wichtiges Verkehrsmittel.[31]

Und Apotheken, die Begegnungsorte der alternden Bevölkerung? Über ihre Erreichbarkeit weiß man erstaunlich viel. Durchschnittlich sieben Minuten braucht man zur nächsten – mit dem PKW. Allerdings gibt es auch hier weiße Flecken, in Mecklenburg, Brandenburg, dem nördlichen Sachsen-Anhalt und in Südbayern.[32] Alt werden oder Medizin benötigen: Es ist nicht überall gleich leicht.

Ein weiterer Ort, an dem sich Menschen im Alltag begegnen, sind Lebensmittelläden, Supermärkte und Discounter. Mit dem Auto erreicht man sie leicht, durchschnittlich ebenfalls sieben Minuten braucht man, fast 90 % der Bevölkerung nur fünf. Aber: in den dünn besiedelten Regionen Ostdeutschlands, vor allem in Brandenburg und Mecklenburg-Vorpommern, kann es deutlich länger dauern.[33]

Plädoyer für Begegnungsorte als Infrastrukturen

Begegnung wird nicht systematisch als Infrastruktur gesehen. Dabei sind sie grundlegend für unser demokratisches Zusammenleben. Ich schlage deshalb vor, Begegnungsorte als Infrastruktur unserer Demokratie zu verstehen. Mit dem Infrastrukturbegriff rückt diese Funktion für das Gemeinwesen ins Zentrum. Sie sind kein nettes Beiwerk, sondern essenziell, damit unser demokratisches Zusammenleben funktioniert. Sie sind Orte der Wahrnehmung, der Sichtbarmachung legitimer Differenz und Diversität, der Aushandlung und des Kompromisses, ja Orte, an denen Gesellschaft erlebbar wird, auf angenehme oder unangenehme Weise. Gerade deshalb brauchen sie vermehrt Aufmerksamkeit. Ihnen als Infrastrukturen der Demokratie einen Platz zuzuweisen, darum geht es in diesem Buch.

Sie als Infrastrukturen zu sehen, stellt sie auf eine Ebene mit Straßen und Schienen, mit Parteien und Medien, mit Kommunikationsnetzen und Wasserleitungen – all dem, was wir für unser (Über)Leben im 21. Jahrhundert benötigen. Wie frisches Trinkwasser und Interessenorganisationen, wie Informationen und Mobilitätsmöglichkeiten so brauchen wir auch Begegnungsorte, um unser Zusammenleben zu organisieren. Was wir daraus machen, wie wir diese Orte nutzen, das ist eine ganz andere Frage. Dass diese Orte sich verändern, ist per se kein Problem. Aber es wird zum Problem, wenn sie vielerorts weniger werden, oft schleichend, und kaum Neues entsteht.

Die nächsten vier Kapitel behandeln deshalb typische Begegnungsorte im Alltag und die Leistungen, die sie für Demokratien erbringen. Hier wird konkret, wie sich unsere Begegnungsinfrastrukturen verändern und warum wir Cafés und Kneipen, Straßen und Verkehrsmittel, Parks und Vereine brauchen.

4. Zufällige Beobachtung

Was Parks, Bahnen und Straßen für die Demokratie leisten

Was haben Schwimmbäder, Parks, öffentliche Verkehrsmittel, Straßen und Bibliotheken gemeinsam? Es sind alles Orte, an denen Menschen einander zufällig beobachten und so erleben können. An manchen dieser Orte sind Formen von Kooperation erforderlich, an den meisten kann man sich weitgehend aus dem Weg gehen. Einander zu erleben, ohne dass es anstrengend wird – eine leichte Form der Zumutung also, die Sophie Schönberger in ihrem Essay beschreibt[1] oder eine erste Form der demokratischen Irritation.

Beginnen wir mit den Parks, den Erholungsorten der städtischen Gesellschaft: Der Jardin du Luxembourg im Pariser Nobelviertel St. Germain de Près ist einer der größten Parks von Paris und ein gutes Beispiel für einen Begegnungsort. Er ist Tourist:innenattraktion, Treffpunkt, Flaniermeile, Sportstätte, Vergnügungsort, Kinderspielplatz und verlängertes Klassenzimmer in einem. Der »Luxembourg«, wie ihn die Pariser:innen liebevoll nennen, gilt als Paradebeispiel eines Begegnungsortes. Das liegt nicht zuletzt an den frei arrangierbaren Stühlen, die überall im Park herumstehen – siehe die Zeichnung auf dem Buchdeckel. Sie gibt es mit und ohne Armlehne, zum Sitzen oder zum Liegen. Man kann sie einzeln unter einen Baum stellen, zur Aussicht an eine der Balustraden oder als Sitzgruppe zusammenstellen, um sich mit anderen auszutauschen.

Tagsüber bevölkern vor allem Tourist:innen und Betreuungspersonen mit kleinen Kindern den Park, am Nachmittag mischen sich Gruppen von Schüler:innen darunter – neben dem Park liegen zwei angesehene Pariser Gymnasien. Es folgen Rendezvous und Berufstätige nach der Arbeit, durchmischt von Jogger:innen, Yogapraktizierenden und Senior:innen auf ihrem täglichen Spaziergang. Dazwischen mischen sich vereinzelte Geister, die in ein Buch versunken stundenlang lesen, in Journale schreiben, die gedankenverloren in die Luft starren oder sichtbar die verschiedenen Menschen beobachten. Tennis- und Boulespieler:innen, Gruppen von Schaulustigen um die Schachspielenden und Kinder, die Boote im großen Brunnen schwimmen lassen, ergänzen das Bild. Es wird deutlich: In diesem Park kann man vieles tun. Der Luxembourg ist nur ein Beispiel unter vielen – der Stadtpark von Tirana, das Tempelhofer Feld oder der Bochumer Stadtpark sind ebenfalls vielfältige Begegnungsorte.

Parks sind multicodierte Orte, d.h. sie erfüllen verschiedene Funktionen zugleich. In der Landschaftsarchitektur und Stadtplanung wird häufig die Erholungsfunktion genannt, daneben umwelt- und naturbezogene Ziele. Multicodierung meint die Berücksichtigung verschiedener Nutzungsinteressen eines Raumes.[2] Ein Park kann Erholungsfläche sein, Begegnungsort, Auslaufort für Hunde, wichtig für Sauerstoffzufuhr und Hitzereduzierung in Städten, Senke für Überschwemmungen, Versickerungsfläche bei Starkregen, Sportstätte und noch so einiges mehr – und das auf wenigen Hektar. Multicodierung ist auch anderswo möglich: Dächer können zum Beispiel als Parkhäuser genutzt werden, die mit Solarpanelen überdacht sind. Auch eine Begrünung ist möglich – und hilft dem Gebäudeklima und der Naherholung gleich mit. Oder alte Herrenhäuser können multifunktionale Orte werden, als Ärzt:innenhaus, Außenstelle des Amtes und der Bibliothek, Raum für Zivilgesellschaft und Kita.

Die Begegnungsfunktion von Parks und Grünanlagen wird in der öffentlichen Debatte zunehmend wahrgenommen. Zwar ist der Treiber des Umbaus von Städten vor allem der Klimawandel beziehungsweise die Reaktion auf ihn, aber dass Grünflächen Begegnungsorte sind, wird dabei mitbedacht. So hat sich Berlin in der »Charta für das Berliner Stadtgrün«[3] vorgenommen, das »grüne Wohnzimmer« der Hauptstädter:innen zu fördern – und mit ihm (natürlich!) den sozialen Zusammenhalt. Neben einer Anpassung an den Klimawandel stehen die Vereinbarung verschiedener aktiver und passiver Aktivitäten miteinander auf engem Raum und der barrierefreie Zugang aller im Mittelpunkt der Absichtserklärung.

Parks sind somit ein wichtiger Begegnungsort, der relativ einfach funktioniert. Sofern sie einigermaßen frei von Müll und sicher sind, braucht es nicht viel, damit unterschiedliche Menschen einander begegnen.

Zufällige Beobachtung in Parks

Parks sind Paradebeispiele für eine Leistung, die die allermeisten Begegnungsorte erfüllen: Sie ermöglichen, dass Menschen sich zufällig gegenseitig beobachten. Man begegnet in Parks zwangsläufig Menschen, die verschieden sind, die andere Lebensrealitäten haben als man selbst. Und hier treffen sich wirklich fast alle. Laut einer Umfrage von 2020 nutzen nur drei Prozent der Befragten keine städtischen Grünanlagen, 95 % fanden es wichtig, dass städtische Grünanlagen vorhanden sind.[4] Die zufällige Beobachtung von Diversität ist eine Grundlage für die demokratische Irritation.

Der Gang durch den Luxembourg zeigt das exemplarisch: Das Dienstpersonal trifft auf Tourist:innen, trifft auf sportlich Aktive, auf Gruppen von Schüler:innen, diese treffen auf die Flaneurin, auf den Großvater mit seiner Enkelin, auf den Hochschullehrer der nahen Universität. All diese Menschen sehen unterschiedlich aus, gehen verschiedenen Aktivitäten nach. Das Tempo ihrer Schritte unterscheidet sich ebenso wie ihr Gang, manche sind gehetzt, andere entspannt. Die Art, sich umzuschauen, ist anders. Manchen sieht man an, dass sie wohlhabend sind, andere tragen ihre Habseligkeiten in einer Plastiktüte mit sich umher. Die Blicke sind mal traurig und leer, mal fröhlich, offen, mal geschäftig, häufig abgeblendet. Und die gesprochenen Sprachen sind vielfältig: Französisch natürlich, Englisch, Bembera, Arabisch, auch Deutsch, und einige weitere Sprachen, die nur wenige Menschen kennen. Der Gang durch den Park bringt viele Menschen zusammen, bringt ihre Lebensrealitäten in den Blick, die man in seinem sonstigen Lebensumfeld vielleicht nicht sehen würde.

Und man beginnt, diese Leben mit konkreten Menschen zu verbinden: Es sind nicht länger die abstrakten Vorstadtkinder aus der Banlieue, sondern Individuen. Die amerikanische Touristin ist nicht nur aus Trumpland, sie interessiert sich auch brennend für die Statuen aus dem 17. Jahrhundert und weiß darüber mehr zu sagen als so manche Einwohnerin von Paris. Und der chinesische Schachspieler spricht zwar kaum mehr als ein paar Fetzen westlicher Sprachen, aber über die Sprache des Spiels kann er sich meisterhaft ausdrücken.

Die Macht des Zufalls

Dieses Sehen irritiert. Es irritiert unsere Vorstellungen von Welt, unsere Wert- und Vorurteile, unsere innere Ruhe. Mehr noch: Wir sehen nicht nur andere, wir werden auch von ihnen beobachtet – und stellen uns auf dieses Beobachtetwerden ein. Unsere Gesichtszüge sind andere, wenn wir uns zuhause allein wähnen und wenn wir vor die Tür treten. So wird Kommunikation möglich. Und im Einstellen auf das Beobachtetwerden durch andere wird uns unsere Sozialität ganz unmittelbar bewusst.

In modernen Gesellschaften treffen wir nun, wenn wir auf die Straße treten, nicht immer dieselben, bekannten Gesichter. Die Möglichkeiten, wem wir wann begegnen, sind vielfältig. Damit wird Zufall ein wichtiger Faktor: Wem wir begegnen, wenn wir die Haustür verlassen, ist nur zu einem Teil vorhersagbar. Selbst, wenn wir es jeden Tag um dieselbe Zeit tun – andere tun dies nicht mit derselben Regelmäßigkeit. Auf der Straße, im Park, in der Bahn, in der Bibliothek – an allen Orten, die wir betreten und von denen einige hier exemplarisch dargestellt sind, beobachten wir also zufällig Menschen. Das führt beinahe unweigerlich zu Irritationen – und das ist nicht negativ gemeint. Unser Gehirn bildet Erwartungen, und die werden durch Abweichungen irritiert. Selbst in noch so homogenen Umgebungen gibt es dabei stetig Abweichungen von den eigenen Erwartungen. Dabei lernen wir und unsere Erwartungen passen sich an das Beobachtete an.

Die demokratische Irritation

Eine wichtige Sache, die wir dabei *en passent* lernen, ist, dass wir nicht allein in dieser Gesellschaft sind. Wir können dem kaum ausweichen, es wird uns ja permanent vor Augen geführt. Zu wissen, dass unsere Gesellschaft vielfältig ist, ist wichtig. Es täglich zu erleben ist noch wichtiger, denn dadurch bekommt diese Vielfalt Gesicht, Hände, Füße und vieles mehr. Diese Erlebnisse brauchen Demokratien, denn sie sind auf Kooperation angewiesen: Man muss zumindest in Teilen daran glauben, dass Zusammenarbeit mit anderen zu besseren Ergebnissen führen kann, als einfach seinen Willen durchzusetzen. Dieser Glaube setzt voraus, dass man andere Menschen als legitime Mitglieder unserer Gesellschaft anerkennt. Mit ihnen muss man sich schließlich auseinandersetzen und einigen. Und dafür muss man diese anderen erleben, nicht nur virtuell, sondern real und am besten häufig. Es setzt, kurz, Kennen und Vertrauen voraus.

Die zufällige gegenseitige Beobachtung, die uns an den allermeisten Begegnungsorten entgegenspringt, ist also ein wichtiger Grundbaustein moderner Demokratien, denn ohne gegenseitige Beobachtung keine demokratische Irritation.

Die zufällige Beobachtung ist die basalste der vier Leistungen, die Begegnung für Demokratien erbringt. Dabei kommt uns eine breite Palette nonverbaler Kommunikation zugute, die wir im Laufe unseres Aufwachsens erlernt haben (und die damit auch für alle Menschen etwas verschieden ist). Diese Palette hilft uns, zu interpretieren, was die Menschen um uns herum tun.

Nonverbale Kommunikation ist allgegenwärtig

Jemand sagt auf die Frage »Darf ich kurz vorbei?« laut »Nein!«, grinst dabei aber über beide Ohren? Die meisten erkennen sofort Ironie – und gehen vorbei. Warum schüttelt die Frau den Kopf, obwohl sie auf meine Frage gerade »Ja« geantwortet hat? Meint sie es ernst? Ach, der Jugendliche dort hinten fuchtelt nicht nur wild mit den Armen herum und spricht mit sich selbst – er telefoniert mit Headset.

Wir sind in der Lage, sowohl größere Gesten wie auch kleinste Mimiken zu erfassen und blitzschnell zu interpretieren. Sie sind Interpretationshilfe für Gesagtes und Gesehenes, verstärken oft unsere Interpretation oder konterkarieren sie. Gerade die kleineren Gesten, die feine Mimik: Sie sind vor allem in der face-to-face Interaktion wahrnehmbar. Sie helfen uns, aus den vielfältigen Äußerungen unserer Mitmenschen Sinn zu machen. Elektronisch werden sie zu ungenau wiedergegeben, die Verzögerung macht es schwer, sie exakt zuzurechnen. Nonverbale Kommunikation ist eines der großen Assets von face-to-face Begegnungen.

Sterbende Schwimmbäder

In diesem Licht bekommt auch das Sterben von Schwimm- und Freibädern eine neue Bedeutung. Es sind Orte, an denen Menschen unterschiedlicher Herkunft, Milieus und Lebensstile einander wahrnehmen und beobachten können. Sie sind großflächig und auch sie erlauben verschiedene Aktivitäten. Vor allem öffentliche Bäder sind mit ihren subventionierten Eintrittspreisen für viele zugänglich. Und sie ermöglichen eben die relativ voraussetzungsarme Wahrnehmung der Mitmenschen, die zumeist friedlich ihrem Leben nachgehen. Natürlich: In den Nachrichten sind sommerliche Schlägereien von Jugendlichen, denen die Hormone durchgehen. Aber das friedliche Freibad in Bielefeld wäre auch keinen Artikel wert.

Schwimmbäder beziehungsweise ihr langsames Aussterben haben in den letzten Jahren eine kleine Welle der Nostalgie ausgelöst. Verschiedene Autor:innen erinnern sich an ihre Kindheit und Jugend im Freibad, an Pommesgeruch, erste Flirts, warme Sonne und kaltes Wasser. Vor allem Freibäder haben eine wichtige Rolle im Aufwachsen von Menschen, sind halbwegs freier Begegnungsort der Jugend, auch Austragungsort einiger jugendlicher Grausamkeiten. Die nostalgischen Autor:innen erinnern sich daran, wie im Freibad alle zusammenkamen: Die Menschen aus dem Neubaugebiet ebenso wie die aus den Einfamilienhäusern, die aus der Sozialsiedlung mit denen aus dem Studierendenviertel. Das blieb nicht immer ohne Konflikte, aber doch weitgehend reibungslos. Durchsetzungsstarke Bademeister:innen sorgten für den Rest. Diese Erinnerung an die eigene Jugend ist mehr als nur Nostalgie: Sie ist auch eine Erinnerung daran, wie wichtig das Zusammenkommen verschiedener Gesellschaftsmitglieder für unser demokratisches Zusammenleben ist.[5] Und neben der Jugend kommen hier viele zusammen: Frühschwimmer:innen, Rentner:innen beim gemeinsamen Sport, tagsüber auch oft Schulklassen, Freizeitsportler:innen und einige mehr. Das öffentliche Schwimmbad ist wahrlich ein Begegnungsort, der Menschen einander aussetzt.

In Bibliotheken wird nicht nur gelesen

Ein weiterer Ort ermöglicht die zufällige Beobachtung von Menschen. Es sind – zumindest in Deutschland – häufig stille, frugale Orte: Bibliotheken. Menschen sitzen zumeist an Tischen, manchmal in Sesseln. Auf den Tischen finden sich nur wenige Utensilien: Bücher, Texte, Stift, Papier, ein Laptop oder Tablet, ein Getränk – viel mehr braucht es nicht für die stumme Beschäftigung mit Text. Essen und reden sind in den meisten Bereichen verboten – aber das verändert sich langsam.

Aber Bibliotheken können auch mehr sein: multimodale Begegnungsorte, die eine Vielzahl von Aktivitäten zulassen. Verlässt man die Welt der wissenschaftlichen und Universitätsbibliotheken, wird es schnell auch jenseits der Cafeteria lebhaft. Kinder- und Jugendbibliotheken etwa bieten viel Raum für junge Menschen (und ihre Eltern), mit Büchern und anderen Medien in Kontakt zu kommen. Oft sind in Bibliotheken Hausaufgabenhilfe, Elterntreff und Beratungsangebote angegliedert. Eric Klinenberg etwa berichtet aus den USA sogar von virtuellen Bowlingligen, die in Stadtteilbibliotheken abgehalten werden – freilich im Keller.[6]

Und Bibliotheken sind tolerant, was ihr Publikum angeht: Solange man nicht zu viel Lärm macht, werden fast alle Menschen eingelassen. So sind sie nicht nur im Winter Aufenthaltsorte auch für Menschen, die kein Zuhause haben oder es dort nur schwer aushalten. Kinder und Jugendliche, die ihre Hausaufgaben machen, finden sich dort ebenso wie Geistesarbeitende neben den üblichen »Bibliotheksverrückten«. Nie ganz spannungsfrei, so ist ihre Koexistenz doch zumeist friedlich.

Bibliotheken sind relativ stabile Begegnungsorte: Zwar ist ihre Zahl in den letzten Jahrzehnten merklich gesunken,[7] die Bibliotheksbesuche aber verharren – bis auf Einbrüche durch die Coronapandemie – auf einem gleichbleibenden Niveau.[8] Bibliotheken werden in manchen Regionen schwerer zugänglich, die Anfahrtswege weiter – es zieht die Menschen trotzdem hin.

Bibliotheksbusse, die in vielen dünner besiedelten Regionen regelmäßig Halt machen und geschlossene Filialen der Stadtbibliotheken ersetzen sollen, können zwar die Funktion des Zugangs zu Literatur und Medien recht gut ersetzen. Bücher kann man bestellen, vor Ort im Sortiment etwas stöbern und man kommt aufgrund der beengten Verhältnisse oft auch ins Gespräch. Einen längeren Aufenthalt, eine stabile Internetverbindung, Stillarbeit oder einen Kaffee mit Bekannten bieten sie aber nicht.

Die gegenseitige Beobachtung, die in den häufig weitläufigen Bibliotheken zwischen den Bücherregalen hindurch oder von den Arbeitsplätzen aus geschieht, lassen sich durch mobile Bibliotheken also kaum ersetzen. Damit erscheint die Abnahme der Bibliotheksstandorte in Deutschland nun doch etwas kritischer, als die gleichbleibenden Nutzendenzahlen vermuten lassen.

Bibliotheken haben schon lange erkannt, dass sie Begegnungsorte sind – und werben unter Bezug auf Ray Oldenburgs Konzept der Dritten Orte aktiv damit.[9] Der Deutsche Bibliotheksverband hebt etwa den nichtkommerziellen Charakter von Bibliotheken hervor, sieht sie als Orte der gesellschaftlichen Integration und als Verteilort für Teilhabechancen. Vielfältige Angebote ergänzen die Ausleihe von Medien und das Angebot von Arbeitsplätzen. Bibliotheken wollen Austausch fördern – unter den so unterschiedlichen Besucher:innen, die Bibliotheken eben befördern.[10] Und Bibliotheken werden von allen gesellschaftlichen Gruppen genutzt – ein kaum zu überschätzender Wert.[11]

Ideen gibt es genug: Mit anderen Orten kooperieren, etwa Supermärkten, Tatortabende oder Garten-Workshops.[12] In Dänemark kann man sogar ein *Democracy Fitness Training* in Bibliotheken besuchen und Kompetenzen wie aktives Zuhören, Kompromissfindung und demokratisches Handeln trainieren.[13] Bibliotheken, so der Eindruck, entwickeln sich aktiv weiter, diskutieren breit und ernsthaft über ihre Rolle in der Demokratie und probieren viel aus.[14]

Ein weiterer Aspekt macht Bibliotheken so wichtig. Um die komplexe, moderne Gegenwart mit all ihren Herausforderungen zu verstehen, braucht man Informationen. Diese sind im Prinzip unendlich in den Weiten des Internets vorhanden. Allein: Das hilft nicht viel. Bibliotheken strukturieren Informationen – klassisch über Buchkataloge, aber auch zunehmend über die Einbindung digitaler Angebote, über Beratungen und Workshops. Zudem vermitteln sie verschiedene Kompetenzen im Umgang mit Medien. Auch auf diese Weise sind sie unverzichtbare Orte für die Demokratie. Sie ermöglichen Menschen, sich mit ihrer Welt auseinanderzusetzen, sie zu verstehen und zu durchdringen, sich in ihr mindestens besser zurechtzufinden.

Ein fast idealer Begegnungsort

Es ist schon fast ein zu idealer Begegnungsort: Musikalische Früherziehung, Virtual Reality, Computerkurse für Ältere, Kinderspielecken, Café, Lernort, Nähkurse, 3D-Drucker, Designstudio, Veranstaltungsort, klassische Bibliothek und vieles mehr. Das alles an einem Ort, auch noch zusammen mit den Einwohnenden der Stadt designt und mit ihnen stetig weiterentwickelt? Und doch: Es gibt diesen Ort.[15] Die zentrale öffentliche Bibliothek in Helskini – Oodi – gilt als Vorzeigeprojekt und zeigt, was Bibliotheken alles sein können. Und sie macht vor, wie solche Orte entstehen können: Im Dialog mit den Nutzenden, nicht nur zentral geplant und architektonisch außergewöhnlich. Ein lokal verankertes Vorzeigeprojekt, das sich stetig weiterentwickelt – denn die Nutzenden werden permanent in die Gestaltung des Ortes einbezogen.

Man kann den Beitrag, den solche Orte leisten, kaum überschätzen. Sie zeigen, wie flexible, multicodierte Begegnungsorte möglich sind. Sie zeigen auch, wie wichtig es ist, dass Orte stetig weiterentwickelt werden, zusammen mit den Menschen, die sie nutzen.

Öffentliche Bibliotheken bilden wichtige Begegnungsorte in unserer Demokratie, weil sie alle Milieus erreichen und einen Rahmen für die gegenseitige Wahrnehmung und Beobachtung von Menschen bieten. Und es sind Orte, die auf beinahe vorbildliche Weise über ihre Rolle in der Gesellschaft nachdenken und häufig gemeinsam mit ihrem Publikum über mögliche Veränderungen nachdenken.

Aber Bibliotheken werden weniger und sie werden diese Rolle nur weiter wahrnehmen können, wenn sie den Wandel in der Mediennutzung mitmachen: Mehr digital statt analog, mehr flexible Flächen statt Lesesäle und Einbeziehung der Besucher:innen, der Dörfer und Stadtteile und seiner Initiativen. Wenn das gelingt, können Bibliotheken variable, multicodierte Orte sein, an denen viel stattfindet: Lesen, Austauschen, Lernen, Lehren, gemeinsam Dinge schaffen und Ausprobieren und Orte bereitstellen für all die Initiativen, die ohne große Finanzmittel auskommen und sich keine Räume leisten können. Sie wandeln sich dann von Orten, an denen man einander nur wie zufällig wahrnimmt, hin zu Orten, an denen sich ausgetauscht und gemeinsam etwas geschaffen wird.

Beobachtung und Kooperation im ÖPNV

Die meisten von uns bewegen sich tagtäglich zwischen verschiedenen Orten hin und her. Dies tun wir entweder auf Straßen, nämlich in Autos, auf Fahrrädern, E-Rollern oder als Fußgänger:innen, oder in öffentlichen Verkehrsmitteln – oft auch mehreres davon gemischt. Straßen und öffentliche Verkehrsmittel sind Begegnungsorte, die in unserem Alltag stark präsent sind. Und sie verlangen uns oft mehr ab als nur die Irritation der gegenseitigen Beobachtung. Hier(mit) bewegen wir uns fort, beobachten uns gegenseitig – auch aus Gründen der eigenen Unversehrtheit. Oft ist diese Fortbewegung anstrengend, die Bahn ist voll, der Bus zu spät, das Warten kalt, Radfahren lebensgefährlich, Autos gestaut und so weiter. Und doch nehmen wir es auf uns, mal mehr gezwungen, mal freiwillig. Und neben der Mobilität geschieht noch mehr auf Straßen, in Bussen und in Bahnen: Wir müssen kooperieren, zumeist ohne sprachlich zu kommunizieren.

Bei öffentlichen Verkehrsmitteln bezieht sich die Kooperationsnotwendigkeit vor allem auf das Ein- und Aussteigen sowie die Suche nach bzw. die Aushandlung von (Sitz-)Plätzen. Kooperation findet meist auf Nahdistanz statt, Beobachtung auf Semidistanz: Weiter als der eigene Wagen oder der anliegende Bahnsteig wird der Beobachtungsraum selten. Das ermöglicht es uns, Menschen aus der Nähe zu betrachten: Welches Buch liest diese Person? Wie schaut sie im Gespräch? Welche Details zieren ihre Kleidung? Wer lässt wem den Vortritt? Was wird auf dem Handy getippt? Wie sehen die Gesichter dabei aus?

Die Kooperationsnotwendigkeit beim Ein- und Aussteigen und bei der Sitzplatzsuche ist ein weltweites Phänomen, das nicht überall gleich gelöst wird. Während in Deutschland ein striktes »Erst aussteigen lassen!« gilt und die Einsteigenden sich an den Rändern der Türen versammeln, wird anderswo auf Nahdistanz ausgehandelt, wer den Vortritt hat. Mal wird gedrängelt, mal eine schneepflugartige Figur mit Armen und Ellenbogen geformt, um möglichst schnell voranzukommen, andernorts gibt es feste Regeln, umrahmt von Gittern oder Aufpasser:innen, die den Transit regeln. Und dennoch: Die besten Regeln benötigen im Detail eine Aushandlung mit den Nebenstehenden. Dabei *sieht* man diese Personen: Die Kette am Handgelenk, eine geblümte Hose, ein unerwartet weicher Ausdruck im Gesicht – solche Details fallen auf in der Nahdistanz. Aber in der Nähe nehmen wir noch mehr wahr: Wir riechen das Abendessen mit viel Knoblauch vom Vortag, wir hören ein Schnaufen, hören das Klimpern von Kleingeld in der Hosentasche der Person neben uns. All das gibt uns ein breites, wenn auch flüchtiges Bild von Menschen, die uns nur zufällig über den Weg laufen. Den Knoblauchgeruch haben wir ebenso wenig erwarten können wie das spontane Lächeln, wenn uns jemand den Vortritt lässt. Und doch: All das hinterlässt Eindrücke in uns, macht unsere unbekannten Mitmenschen anfassbar, ja riech- und fühlbar, und lässt uns damit Teil einer größeren Gemeinschaft sein, ohne dass wir die Namen der anderen und ihre Geschichten kennen würden.

Ein Grund, warum Details in den Fokus rücken, ist, dass wir bei beengten Verhältnissen Strategien der Reduzierung unserer eigenen Anwesenheit anwenden. Der Soziologe Stefan Hirschauer hat dies anhand einer Fahrstuhlfahrt beschrieben: Man teilt den engen Raum so auf, dass alle etwa gleich viel Abstand zu ihren Mitmenschen haben – auch wenn man eigentlich in den persönlichen Raum der anderen eindringt. Blicke treffen sich nicht, sondern man blendet ihn ab – und schaut eben auf die Hände oder Schuhe der anderen, nimmt diese Details dadurch stärker wahr.[16] Je weiter Menschen im S-Bahn- oder Tramwagen von uns entfernt sind, desto vollständiger können wir sie in den Blick nehmen.

Kooperation auf Straßen

Straßen funktionieren etwas anders als öffentliche Verkehrsmittel. Ihr Raum ist größer, sie sind auf Bewegung auf ihnen angelegt. Man fährt nebeneinander, nicht miteinander. Die Wahrnehmungsdistanzen unterscheiden sich: Aus dem Auto heraus nimmt man seine Umgebung distanzierter wahr als vom Fahrrad aus, als Fußgänger:in ist alles näher. Man beobachtet die Straße auf Ampeln, Verkehrszeichen, Hindernisse und Gefahrenstellen; die umliegende Landschaft und die vorbeiziehenden Menschen spielen eine untergeordnete Rolle – zumindest im fließenden Verkehr. An Ampeln, beim Abbiegen und in Staus wagt man einen längeren Blick in den Wagen neben einem, in den Rückspiegel, auf den Bürgersteig oder den Radweg: Wer hört diese schrecklichen Schlager im Auto? Warum pult der Mensch im Auto hinter mir an den Fingern?

Auch die Kooperationsnotwendigkeiten auf Straßen sind vielfältig. Sie sind oft eine Mischung aus dem Erkennen und Einhalten vorgegebener Regeln und dem Aushandeln individuellen Verhaltens. Sieht der Autofahrer den Radfahrer, der Vorfahrt hat? Überqueren die Fußgänger:innen den Zebrastreifen oder warten sie? Wie geht man auf dem Fußweg aneinander vorbei – links oder rechts? Wie überholt die Joggerin den langsamen Skater? All diese kleinen Aushandlungen, die oft in Sekundenbruchteilen erfolgen, erfordern Kooperation. Nun ist Deutschland dafür bekannt, dass seine Einwohner:innen für ein Pochen auf Regeln und weniger für die Aushandlung von Regeln eintreten, gerade im Straßenverkehr. Aber auch eigentlich feststehende Regeln sind interpretationsbedürftig: Wer wird zuerst an der Kreuzung gewesen sein? Passe ich in diese Lücke? Träumt jemand an einer roten Ampel? Wir interpretieren ständig, was die anderen Verkehrsteilnehmenden tun könnten – und beobachten sie dafür. Darüber machen wir uns ein

Bild unserer Mitmenschen, nicht immer ein positives, aber doch eines, das sich durch die Alltäglichkeit der Interaktion einprägt.

Die Neuorganisation des Verkehrs

Apropos anstrengender Verkehr: Es gibt viel Kritik daran, wie dieser in Deutschland organisiert ist. Zu autofreundlich sei er, zu viel Platz für ruhende Fahrzeuge, zu viel Beton, zu wenig Miteinander von Verkehrsteilnehmenden und der Nah- und Fernverkehr sind sowieso nicht auf der Höhe der Zeit. Vor allem der Straßenraum ist umkämpft, die Debatte häufig ideologisch aufgeladen.

Straßen wurden lange als reine Mobilitätsräume gesehen – kein Wunder, so wurden sie ja auch konzipiert. Sie sollten die Verbindung zwischen Wohnort, Arbeitsort und Freizeitbeschäftigungen mit dem Auto sicherstellen.[17] Aber Straßen sind viel mehr, sie sind gegenseitige Wahrnehmungs- und Begegnungsräume, die auch so gestaltet werden können. Sie leisten einer ganzen Reihe von Begegnungsphänomenen Vorschub: Man beobachtet sich zufällig, man muss häufig kooperieren, zuweilen kommt man auch in näheren Kontakt und miteinander ins Gespräch, manchmal auch in Streit. Gleichzeitig finden viele verschiedene Mobilitätsformen auf Straßen statt: Autoverkehr, Radfahren, Fußgänger:innen, E-Roller, Rollstühle, Kinderlaufräder, sportliche Fortbewegung, vielleicht bald noch startend und landend Flugtaxis.

Oft mit Stress belastet zwingen Straßen uns doch, die anderen erst einmal als legitime Verkehrsteilnehmende wahrzunehmen: Man kann Radfahrende anhupen, sie mit der Motorhaube vom Rad schubsen ist eher nicht angesagt. Die Hupe und die Fahrradklingel bleiben also beinahe die stärksten Ausdrucksmittel.

Straßen als Mobilitäts- und Begegnungsraum

Häufig hat Mobilität noch Vorrang auf Straßen, Begegnung findet als Nebenprodukt und oft flüchtig statt. Aber es tut sich etwas in der Stadtplanung. Ein Beispiel sind Parklets. Mit dem Konzept wird die Hoffnung verbunden, Straßenraum als Begegnungsraum umzuwidmen. Parklets nutzen ehemalige Parkplätze und wandeln sie um in Aufenthaltsräume. Oft sind es Konstruktionen aus Holz mit Sitzbänken, Tischen und Pflanzen, die sich schon erkennbar von betonierten Parkplätzen unterscheiden. Die Stadt Wien etwa hat schon früh erkannt, dass von Einwohnenden selbst konzipierte und unterhaltene Parklets gut angenommen werden und ein Förderprogramm aufgelegt.[18] Aber auch in vielen anderen Städten finden sie breiten Anklang – nur nicht bei allen.

Umstrittene autofreie Zonen

Bundesweit für Aufmerksamkeit gesorgt hat vor allem die mehrmalige Sperrung eines kleinen Abschnittes der Berliner Friedrichstraße für den Autoverkehr. Die Friedrichstraße durchschneidet den Berliner Stadtteil Mitte von Süd nach Nord und ist eine wichtige Verkehrsachse für den motorisierten Verkehr. Der Aufschrei war deshalb groß, als ein etwa 500 Meter langer Abschnitt zur »Flaniermeile« erklärt und für den Autoverkehr gesperrt wurde. Die Fußwege wurden erweitert, Parklets wurden aufgestellt, die Gastronomie erhielt mehr Platz für Tische und Stühle auf der ehemaligen Straße und in der Mitte wurden zwei Fahrradspuren aufgezeichnet.

Einige sahen dadurch Geschäfte sterben, andere die Straße durch Fußgänger:innen belebt. Die Angebote wurden mäßig angenommen, was aber nicht verwundert, wenn man sich vor Augen führt, dass dieser Teil des Berliner Stadtbezirks Mitte nur wenig Wohnbevölkerung beherbergt und die Tourist:innenattraktionen ein paar Blocks entfernt sind: Abends war die Friedrichstraße weiterhin weitgehend ausgestorben, daran änderten auch neue Angebote und einige größere Hotels wenig. Womöglich hätte sich diese Situation mit der Zeit verändert, aber bevor größere Veränderungen eintreten konnten, war es schon wieder vorbei mit der Flaniermeile: Sie wurde gerichtlich gestoppt.[19] Inzwischen wird die Friedrichstraße wieder vom Autoverkehr benutzt.

Dabei hatte der Versuch sich durchaus positiv entwickelt. Eine Auswertung aus dem Jahr 2022, die verschiedene Faktoren vor und während der Straßensperrung für Autos untersucht hat, zeigt fast durchweg positive Effekte: Mehr Fußgänger:innen, mehr Radverkehr, nur eine leichte Zunahme des Autoverkehrs in den umliegenden Straßen. Dafür sanken Schadstoffwerte und an den meisten Stellen die Lärmbelastung. Die Menschen nahmen den Versuch positiv auf. Allein unter Gewerbetreibenden war das Bild gespalten.[20]

Hannover wagt einen noch größeren Schritt: Die Innenstadt soll bis 2035 beinahe komplett autofrei sein und dafür umgebaut werden – natürlich mit den üblichen Ausnahmen für Anwohnende, Menschen mit besonderen Bedarfen und Lieferverkehr.[21] Dabei legt die Stadt großen Wert auf die Umgestaltung des Verkehrs: Mehr Parkhäuser, mehr Platz für Fahrräder, Fußgänger:innen und Anlieger:innen, mehr Aufenthaltsqualität und weniger Lärm. Interessant ist, dass die Stadt ein Gesamtkonzept mit langem Zeithorizont vorlegt, das aber an der Idee einer grundlegenden Neuordnung des Raumes festhält. Ebenfalls interessant ist, dass die Stadt explizit mit veränderten Konsumgewohnheiten argumentiert: Aufenthaltsqualität werde umso wichtiger, weil Onlinehandel genau diese nicht bieten könne. Die Möglichkeit, einander zu begegnen, wird so zum Standortvorteil stilisiert – mit vielleicht positiven Wirkungen auch für das Zusammenleben.

Öffentliche Orte und Räume

Parks, Schwimmbäder, Bibliotheken, Straßen und Plätze – sie alle sind sogenannte öffentliche Orte. Um sie drehen sich viele Debatten. Aber zu diesen Orten gehört noch mehr: Auch Clubs und Sportanlagen, Jugendeinrichtungen, Innenhöfe, Passagen, Theater und Bibliotheken werden dazu gezählt – also alles Orte, die der Allgemeinheit zumindest potenziell zugänglich sind.[22] Sie kontrastieren mit Orten, die nicht für alle leicht zugänglich sind: Teure Freizeitparks, Erlebnisbäder, Luxus-Spas, der Rotary-Club, die Bezahlautobahn, das Soho-House, der Unternehmer:innenclub und das teure Hotel mit den vielen Sternen.

Öffentliche Räume sind die Adern und die Struktur der Stadt. Straßen durchziehen sie und strukturieren ihre Mobilität, Plätze markieren wichtige Orte, Parks sind Erholungsoasen und Bibliotheken markante Quellen des Wissens. Anhand der öffentlichen Orte wird eine Stadt als solche erkennbar.[23]

Es herrschen meist verschiedene Nutzungsmöglichkeiten an öffentlichen Orten vor, ich habe sie in diesem Kapitel schon ausführlich beschrieben. Wichtig ist: Der Ort legt eine mögliche Nutzung nahe, eine Straße etwa den Transit, determiniert sie aber nicht. Während eine Rutsche wenig anderes als Rutschen oder Zögern zulässt, sind die Möglichkeiten auf Straßen, Plätzen und in Parks vielfältiger. Selbst Informationsorte wie Bibliotheken lassen viel zu – wenn sie es denn wollen. Zugleich entstehen aus dieser fehlenden Determination eben auch vielfältige Nutzungskonflikte, die Aushandlung bedürfen.

Öffentliche Orte sind damit auch die Orte, an denen Menschen einander begegnen. Die Gesellschaft wird dort sichtbar, erfahrbar. Sie tragen dazu bei, dass man sein Umfeld kennenlernt, dass Eindrücke sich bilden und verfestigen – oder verändern.

Die Diskussion in der Stadt- und Landschaftsplanung sowie der (Human-)Geographie ist, was ökologische Themen, Vielfaltsgestaltung oder Inklusivität angeht, schon ziemlich auf der Höhe der Zeit. Auch die Rolle öffentlicher Orte als Begegnungsorte ist erkannt und anerkannt.[24]

Zugleich ist umstritten, wie stark öffentliche Orte tatsächlich dazu taugen, Menschen miteinander in Kontakt zu bringen. Während manche Forschende beinahe euphorisch sind, was die Bedeutung öffentlicher Orte und der an ihnen stattfindenden Begegnungen für Zusammenhalt und Demokratie angeht, sehen andere nichts als flüchtige Begegnungen ohne bleibende Wirkung.[25] Eine breit diskutierte Frage in den letzten Jahren ist dann auch, ob öffentliche Orte dazu beitragen können, Vorurteile gegenüber Menschen und Gruppen, die anders sind, abzubauen – und wenn ja wie.

Das empirische Bild fällt differenziert aus. Kurz gesagt: Öffentliche Räume können Vorurteile abbauen, aber es kommt drauf an wie und für wen. Stadtforscher Lars Wiesemann sieht unterschiedliche Begegnungsräume durchaus als »places of possibility«, die in ihnen angelegten Möglichkeiten müssten aber genutzt werden. Besonderes Potenzial sieht er bei gemeinsamen Aktivitäten, zum Beispiel auf Spielplätzen oder im Sport. Wenn Menschen über ein gemeinsames Ziel verbunden sind, treten sie schneller miteinander in Kontakt. Für vulnerable Gruppen ist es oft schwieriger, sichere und angenehme Orte zu schaffen. Wichtig ist auch: Die Stadtplanung kann zwar bestimmte Möglichkeiten schaffen, erzwingen kann sie die Art von Begegnungen aber kaum.[26] Es hängt davon ab, wie Menschen Orte nutzen.

Hier hilft die Einbeziehung der Nutzenden in die Gestaltung von Orten. Die Stadtbibliothek wird generalsaniert? Warum nicht die Nutzer:innen fragen, was sie sich wünschen. Der Park soll grüner werden und mehr zum Klimaschutz beitragen? Die Anwohnenden können am besten sagen, wie sie ihn nutzen und was bisher fehlte. Das hilft vielleicht auch gegen ideologisch aufgeladene Debatten wie um die Berliner Friedrichstraße. Bezieht man potenzielle Nutzer:innen ein, hat man gute Argumente, warum man Dinge auf die eine oder andere

Weise gestalten sollte. Und oft stehen am Ende pragmatische Lösungen, manchmal sogar solche, an die man vorher gar nicht gedacht hat.

Was heißt das für die Demokratie?

Das zufällige Wahrnehmen anderer Menschen ist eine Grundlage moderner Demokratien. Nur wenn wir konkret und vielsinnig wahrnehmen, mit wem wir uns ein Gemeinwesen teilen, können wir sie auch als legitime Andere akzeptieren. So besteht die Chance, ein Mindestmaß an Vertrauen aufzubauen.

Natürlich gibt es die meisten der diskutierten Orte auch in Autokratien. Sie sehen sogar oft ähnlich aus. Allerdings sind Autokratien weniger auf sie angewiesen, weil Vertrauen kaum zentral in politischen Prozessen ist. Wer mit Angst und dem Versprechen auf Wohlstand und Sicherheit regiert, setzt nicht darauf, dass die Bürger:innen einander trauen. Vielmehr noch: Es könnte hinderlich sein, wenn das Volk einander vertraut und sich gegen den Hegemon erhebt. Natürlich nehmen sich Menschen auch in Autokratien wahr. Aber sie beäugen sich misstrauischer, aus Angst, dass andere ihnen Böses wollen. Misstrauen, Spitzelei, Willkür – das sind die Herrschaftstechniken der Diktator:innen. Demokratien verbieten sie sich weitgehend, wie nicht zuletzt die kritischen Debatten um die Ausweitung oder Einschränkung der Kompetenzen von Sicherheitsdiensten zeigen.

Umso wichtiger wird Vertrauen als zentraler Wert, auf dem Demokratien funktionieren. Für dieses Vertrauen müssen sich Menschen gegenseitig beobachten können, als konkrete Personen, zufällig. Es geht dabei nicht darum, dass wir *alle* Mitglieder eines Gemeinwesens wahrnehmen. Es müssen aber ein paar mehr sein als unsere eigene Familie, unsere engsten Kolleg:innen und Freund:innen. Je weiter sich unsere Kreise ziehen, desto unterschiedlicher sind die Menschen, desto unbekannter sind die Eindrücke, denen wir ausgesetzt sind.

Die zufällige, gegenseitige Beobachtung findet an beinahe allen Begegnungsorten statt, die denkbar sind. Parks, Schwimmbäder, Bibliotheken, öffentliche Verkehrsmittel und Straßen: Sie alle ermöglichen es uns, einander erst einmal flüchtig wahrzunehmen. Die zufällige Beobachtung ist damit die basalste Leistung, die Begegnungsorte im Alltag für die Demokratie erfüllen. Sie findet sprichwörtlich im Vorbeigehen statt und erfordert kein großes Engagement der Beteiligten.

An all diesen Orten erleben wir uns als Mitglied einer Gesellschaft, die vielseitig ist. Wir werden irritiert – denn die demokratische Irritation beginnt genau bei dieser beiläufigen Wahrnehmung unserer Mitmenschen. Oft kennen wir weder Name noch Herkunft, weder Sprache noch Alter von Menschen. Ihr Familienstand, ihre Hobbys, die Lieblingsfarbe – all das ist uns fremd. Wir nehmen stattdessen ein Halstuch wahr, eine Kette, den Geruch des Parfums, die Rückenhaltung beim Arbeiten, ein besonderes Maß an Rücksicht, ein Lächeln. Unsere Mitmenschen sind uns angenehm und unangenehm, aber auf Semidistanz. Man kann sich meist schnell aus dem Weg gehen, wenn man das möchte.

Und Cafés, diese Geburtsorte der modernen Demokratie? Sie stehen auf der Schwelle zwischen gegenseitiger Beobachtung und sprachlichem Austausch. Um diesen sprachlichen Austausch geht es im folgenden Kapitel.

5. Sprachlicher Austausch

Wie Gespräche in Cafés, Kneipen, Buchläden und der Politischen Bildung für Verständnis sorgen können

Man stößt die Tür auf, hört leise Musik und das Klirren von Geschirr. Der Geruch von Kaffee und Kuchen setzt sich in die Nase, vielleicht beschlägt die Brille beim Eintreten und man sieht anfangs noch nicht viel. Man orientiert sich, stellt sich am Tresen an oder sucht sich einen Tisch, sucht sich etwas aus und plaudert dabei mit der Barista über ihre Vorlieben beim Kuchen, die Teesorten oder die Herkunft der Kekse. Langsam nimmt man die anderen Gäste wahr: Zwei ältere Damen am Nebentisch, ein paar Männer, die Karten spielen, zwei junge Menschen, die sich schüchtern anblicken. Man hört die Gespräche oder nur Fetzen, unterhält sich vielleicht mit seinem Gegenüber, manchmal mischt man sich auch in Gespräche am Nebentisch ein.

Das Café ist ein Ort, an dem viel gegenseitige Beobachtung stattfindet. Das Sitzen, die oft ruhige Atmosphäre und der längere Aufenthalt ermöglichen es uns, dass wir Menschen über einen längeren Zeitraum wahrnehmen. Doch Cafés können mehr: Sie können zu Orten des Austausches werden. Ein kurzes Kompliment für die schöne Jacke beim Warten am Counter, die Konversation mit Barista oder Bedienung, das Einmischen in ein Gespräch am Nebentisch, die Warteschlange an der Toilette: Möglichkeiten, miteinander ins Gespräch zu kommen, gibt es viele.

Diese Möglichkeiten sind immer an der Grenze: Soll man ein Gespräch starten oder möchte die Person ihre Ruhe? Wie viel Kommunikation erträgt die Barista, ohne dass der Geschäftsablauf gestört wird? Wie wenig wäre unhöflich? Cafés sind keine Quasselbuden Unbekannter wie etwa Partys. Aber sie ermöglichen es doch, niedrigschwellig miteinander in Kontakt zu kommen. Ray Oldenburg beschreibt die Terrasse der französischen Bistros und Cafés als Paradebeispiel für eine solche Architektur: Man sitzt dicht gedrängt, kann ins Gespräch kommen, kann sich aber auch in Ruhe lassen.[1]

Für Cafés sah es in den letzten zehn Jahren eigentlich ganz gut aus in Deutschland – bis die Coronapandemie kam. Gab es 2019 noch fast 12.000 Unternehmen in der Cafébranche in Deutschland, waren es 2021 fast 2.000 weniger. Selbst, wenn man große Ketten mit mehreren Standorten dazuzählt: Viel mehr werden es nicht.[2] Die Situation wird gerade eher schlimmer als besser. Inflation, hohe Energiepreise, steigende Lebensmittelpreise und fehlendes Personal zwingen viele Läden in die Knie.[3] Dieser Trend zeigt sich übrigens in der gesamten Gastronomie – Cafés als Begegnungsorte mit geringer Zugangsschwelle sind nur ein prominentes Beispiel.[4]

Warum sind Cafés neben Kneipen so zentrale Begegnungsorte? Eben, weil sie sich an der Schwelle von Beobachtungs- zu Gesprächsmöglichkeiten befinden. Sie machen viel möglich, ohne etwas zu erzwingen und sind damit ein beinahe perfekter Dritter Ort, wie Oldenburg ihn beschrieben hat. Ihre Zugangshürden sind gering, die Stimmung ist leicht und man kommt mit Menschen in Kontakt, die man an seinen Ersten und Zweiten Orten – Familie und Arbeitsstelle – nicht trifft. Die Aktivitäten sind nicht vollkommen vorherbestimmt, man kann je nach Lust lesen oder sich unterhalten, aus dem Fenster oder auf das Handy schauen.

Der Ort macht Unterschiedliches sichtbar, manchmal auch ansprechbar. Cafés sind vielseitig. Nicht umsonst wird das Konzept Café oft für Begegnungsprojekte genutzt: Es gibt zahlreiche Begegnungscafés, in denen man sich in lockerer Atmosphäre austauschen kann. Häufig kommen sie aus dem Bereich der Zivilgesellschaft oder der sozialen Hilfe. Und die Kosten sind recht gering: Man braucht im Prinzip nur einen Raum, Tische und Stühle und eine Möglichkeit, Getränke zuzubereiten – Kuchen ist optional. Und Essen und Trinken verbinden. Das bieten Cafés als Begegnungsräume an. Deshalb sind Begegnungscafés im Stadtteilzentrum oder Dorfladen oft eine naheliegende Möglichkeit, andere Zwecke – Beratung, soziale Arbeit, Konsum – mit Geselligkeit zu verbinden.

Kneipen und ihr Sterben

Kneipen, die alkoholfähigen Verlängerungen von Cafés in den Abend, verstärken die Konversationsmöglichkeiten. Es ist enger, die Stimmung gelöster, häufig muss am Tresen bestellt werden, weshalb mehr Bewegung ist, man mit mehr Menschen interagieren muss. Die Kneipe ist der perfekte Begegnungsort, auch die Kiezkneipe hat bei normaler Durchmischung der Bevölkerung das Potenzial, unterschiedliche Menschen miteinander in Kontakt zu bringen. Es ist hier legitimer und damit einfach, mit anderen Menschen ins Gespräch zu kommen, ob über tiefere Fragen des Lebens, zum Flirten, zum Streiten, oder einfach nur, weil man ein breiteres Publikum für diesen einen unschlagbaren Witz braucht.

Oldenburg beschreibt den deutschen Biergarten (bzw. den deutscher Einwanderer in den USA) als einen der erfolgsreichsten Dritten Orte, der vorstellbar ist. Was einem in Deutschland vielleicht nicht klar ist: In den USA gelten sie als Orte des maßvollen Alkoholgenusses, denn alle trinken in ihrem eigenen Tempo. Es werden wenig Runden gegeben, mehr Bier als Schnaps konsumiert, und die langen Holzbänke laden dazu ein, dass Gruppen sich mischen. Noch wichtiger: Ähnlich wie im englischen Pub können im Biergarten alle zusammenkommen, im Biergarten sind sogar spielende Kinder kein Problem. Es herrscht, wie Oldenburg es nennt, eine »fröhliche Informalität« vor an diesen Orten. Allzu strenge Höflichkeitsregeln sind außer Kraft gesetzt, Menschen begegnen einander als Privatpersonen und nicht in ihren Berufsrollen, und sie müssen im Biergarten erst einmal nichts außer sich erholen oder unterhalten. Das macht die Stimmung fröhlich und gelöst.[5]

Gibt es das vielbesprochene Kneipensterben wirklich? Zumindest die Zahlen sprechen dafür: Gab es 2014 noch fast 32.000 Kneipen und Schankwirtschaften in Deutschland, waren es 2021 nur noch gut 19.000 – über ein Drittel hatte den Zapfhahn für immer abgestellt. Den stärksten Einbruch gab es in den Jahren der Coronapandemie, aber bereits davor hatten beinahe 3.000 Betriebe geschlossen. Auch Diskotheken, Tanzlokale und Vergnügungslokale haben sich jeweils beinahe halbiert im Zuge der Pandemie. Allein bei den oft höherpreisigen und etwas schickeren Bars und der sogenannten »sonstigen getränkegeprägten Gastronomie«, die Kneipen ähnlich sind, gab es zwischen 2014 und 2021 erst Steigerungen, durch die Pandemie dann wieder eine Abnahme auf das Maß Mitte der 2010er Jahre. Insgesamt schrumpft das Gastgewerbe.[6] Die Auswirkungen steigender Energiepreise und des Fachkräftemangels sind in diesen Zahlen übrigens noch nicht zu finden – und sie verheißen keinen Aufwärtstrend.

Die klassische Eckkneipe, sie wird seltener – und nur stellenweise ersetzt durch meist schickere Bars und Vergnügungslokale. Hier sind die Eintrittshürden jedoch höher, manche kosten Eintritt, bei anderen sind die Getränkepreise deutlich höher.

Zahlen zur Verteilung von Kneipen und Schankwirtschaften sind schwer zu finden. Fest steht: Sie scheinen recht unterschiedlich verteilt zu sein. Das Bermudadreieck in Bochum oder der Reuterkiez in Berlin-Neukölln haben überdurchschnittlich viele, während Gemeinden in der Uckermark oder der Pfalz oft keine mehr haben.

Gesellige Orte

Cafés, Kneipen und Co. sind Orte geselliger Interaktion, das heißt sie schreiben nicht streng vor, was an ihnen zu passieren hat. Das ist eher ungewöhnlich, denn viele Orte und Situationen sind recht strikt darin, welche Verhaltensweisen toleriert werden und welche nicht. Nicht so Kneipen und Cafés. Man ist hier nicht an ein Thema gebunden wie in der Sitzung eines Arbeitskreises oder an eine Form des Austausches wie in einem Uniseminar, sondern kann lesen, sich über Fußball oder Weltpolitik unterhalten, häkeln, Gespräche mit Fremden beginnen (oder es zumindest versuchen), Kaffee oder Bier trinken, flirten, telefonieren und mehr. Die einzige Zugangsbedingung ist der Verzehr mindestens von Getränken. Außerdem sind die allermeisten anderen Rollen hier unwichtig: Man ist Cafébesucherin oder Partygast, dass man Chefärztin oder Müllwerker ist, spielt erst einmal keine Rolle – es sei denn, ein Partygast lenkt das Thema darauf.[7]

Natürlich gibt es Cafés und Kneipen mit strengeren und solche mit weniger strengen Interaktionsordnungen. Es gibt preiswertere Cafés, solche mit Bedienung und solche ohne. Englische Pubs haben sogar manchmal verschiedene Räume für unterschiedliche Publika.[8] Gleiches gilt für Kneipen: Es gibt die Eckkneipe, den Biergarten, die Cocktailbar und vieles dazwischen. Auch gerade in letzter Zeit häufiger eingeführte Verbote, in Cafés zu arbeiten um die »gute« (und meist von selbst gar nicht so gute, aber durch ein Laptopverbot angeblich beschützte) Atmosphäre zu bewahren, deuten in Richtung rigiderer

Interaktionsordnungen. Auch Rauchverbote verlagern einen Teil der Aktivitäten vor die Tür. Doch selbst diese Cafés haben eine weniger rigide Ordnung als solche Orte mit klarer Zweckvorgabe wie etwa der Arbeitsplatz, die heimische Küche oder das Uniseminar. Und gerade in dieser Zweckarmut liegt der große Schatz von Cafés und Kneipen als Begegnungsorte.

Modus: Sprachlicher Austausch

Der grundlegende Mechanismus dieser geselligen Orte, wie auch der anderen in diesem Kapitel portraitierten Begegnungsorte ist sprachlicher Austausch. Er kommt zur gegenseitigen Wahrnehmung und Beobachtung hinzu. In den meisten Gesellschaften ist Sprache ein zentraler Modus der Auseinandersetzung miteinander. Sie ermöglicht es, komplexe und abstrakte Sachverhalte zu strukturieren. Deshalb geht es in diesem Kapitel um Orte, die einen sprachlichen Austausch ermöglichen, auf je unterschiedliche Weise.

Warum ist Sprache so wichtig? Das merkt man, wenn man sich verständigen möchte, eine gemeinsame Sprache aber fehlt. Viele haben es etwa im Urlaub schon erlebt: Man findet ein Museum oder Restaurant nicht, digitale Helfer versagen, man fragt herum – und findet keine gemeinsame Sprache. Das führt oft zum Gesprächsabbruch, selten zum Erfolg. Man kann sich mit Händen und Füßen verständigen, komplex kann es so aber nicht werden. So merkt man, dass Sprache es uns ermöglicht, uns über komplexe, auch abstrakte Dinge zu verständigen.

Dass Kommunikation unwahrscheinlich ist, stellte schon der Soziologe Niklas Luhmann fest. Er beschreibt Kommunikation als dreistufigen Prozess, indem eine Information als mitgeteilt verstanden werden muss – und die andere Person darauf antworten muss, damit die Kommunikation immer weitergeht. Die Kommunikation mit Händen und Füßen endet oft sehr schnell im Abbruch, weil man sich nicht verständigen kann. Die Kooperation beim Ein- und Aussteigen in eine Bahn lässt sich vielleicht noch mit nonverbalen Mitteln bewältigen. Darüber hinaus wird es aber schon schwierig.[9]

Stellen wir uns eine andere Situation vor: Wir müssen im Ausland zum Arzt, ein unaufschiebbares Leiden, und wir finden keine gemeinsame Sprache mit irgendjemandem aus dem Praxisteam. Wie sollen wir das Leiden also genau beschreiben? Wie sollen wir zu einer Therapie kommen, die wirkt – das Leiden ist doch stark? Ähnlich verhält es sich, wenn man in einem anderen Land ausgeraubt wird, Anzeige erstatten muss – und niemand versteht einen.

Sprachliche Verständigung erscheint uns oft so zentral, dass uns gar nicht auffällt, wie schwierig sie eigentlich ist. Dabei ist es alles andere als selbstverständlich, dass wir uns sprachlich verständigen können. Sprachliche Verständigung ist auch zentral in modernen Demokratien. Wir erledigen nicht nur unsere Alltagsangelegenheiten und unseren Beruf zentral über Sprache, wir führen auch unsere Intimbeziehungen vor allem über sprachliche Aushandlungen. Und wir verhandeln unser Zusammenleben sprachlich, sowohl in der großen Politik, wie auch im alltäglichen Miteinander. Deshalb sind Orte, an denen wir uns sprachlich verständigen, wichtige Orte. Auch hier findet eine demokratische Irritation statt. Sie ist oft anders als die bloße Wahrnehmung aus dem letzten Kapitel. Über sprachlichen Austausch haben wir die Möglichkeit, unser Gegenüber tiefergehend zu verstehen, Unterschiede differenziert herauszuarbeiten – sei es bei der Vorliebe für eine Basketballmannschaft, in der politischen Debatte oder bei der Diskussion mit den Nachbarn über die Gründlichkeit bei der Kehrwoche. Dabei muss es bei sprachlicher Verständigung gar nicht immer explizit um unser Zusammenleben oder gar Demokratie gehen, damit sie wichtig für Demokratie ist. Es genügt – ähnlich wie bei der zufälligen Beobachtung – dass wir irritiert sind von unserem Gegenüber. Sprache hat nun den Vorteil, dass wir tiefer einsteigen können in die Beweggründe unseres Gegenübers, dass wir nachfragen und besser verstehen können.

Verstehen oder Verständigung?

Aber verstehen wir unser Gegenüber wirklich, nur weil wir uns sprachlich austauschen? Der Soziologe Alois Hahn ist skeptisch. Er sagt: Es geht beim sprachlichen Austausch nicht unbedingt um tiefgehendes Verstehen des anderen. Es geht um Verständigung. Er hat das einmal an Ehen illustriert: Man muss seine:n Partner:in nicht unbedingt verstehen, es reicht, dass man so handelt, als hätte man es getan – und die Kommunikation weitergeht. Er nennt das die »Konsensfiktion einer Ehe«. Und er verweist damit auf ein tieferliegendes Problem: Das Bewusstsein anderer Menschen ist uns erst einmal unzugänglich. Das, was im Kopf einer Person vorgeht, lässt sich nur unzureichend mit Sprache darstellen – es ist schlicht zu komplex. Sprache bildet nur einen kleinen Ausschnitt ab. Hahn findet dafür noch eine andere Metapher: Er beschreibt den Verstehensprozess nicht als zwei im gleichen Tempo nebeneinander herfahrende Züge, bei denen man entspannt Einblick in den anderen Zug bekommt, sondern als zwei aufeinander zufahrende, bei dem man nur einen flüchtigen Blick ins Fenster des anderen Zuges erhaschen kann.[10] Und diese Undurchsichtigkeit bleibt auch bestehen, wenn man sich schon sehr lange kennt. Aber allein diese Verständigung ist bereits wichtig: Wir erhaschen einen kurzen Blick in das Bewusstsein unseres Gegenübers, unser Bild von ihr oder ihm wird kurz irritiert und neu zusammengesetzt, wir können nachfragen oder etwas erwidern und haben am Ende den Eindruck, dass wir uns irgendwie verständigt haben.

Begegnung beim Einkaufen

In einigen Städten gibt es einen regelrechten Hype um sie, im Ruhrgebiet sind sie »immaterielles Kulturerbe«, sie werden mit Dokumentationen geehrt: Trinkhallen und Kioske, Spätis oder Büdchen. Sie regeln die Nahversorgung am Abend mit Getränken, Snacks und einigem mehr. Sie sind oft auch der Treffpunkt in der Nachbarschaft, hier werden Schlüssel übergeben, Pakete abgeholt, Kummer besprochen oder Informationen ausgetauscht. Sie sind ein wichtiges Biotop im Nahumfeld.

Meist sind sie inhabergeführt, man trifft dieselben Menschen hinter der Kasse, die unter Selbstausbeutung viele Stunden in ihrem Laden verbringen. Im Gegensatz zum Supermarkt oder Einkaufszentrum sind sie klein, beinahe intim: Man sieht und begrüßt sich sofort beim Eintreten. Das breite Angebot an Getränken wird oft ergänzt durch Dinge, die die Inhaber:innen wichtig finden. Manchmal findet sich eine kleine Auswahl an Backwaren in einer extra präparierten Theke, mal sind es Spielzeuge, mal eine besondere Auswahl an Tabakwaren. Viele bieten Postdienstleistungen an, sein Glück beim Lotto kann man ebenfalls versuchen, Beratung über die richtigen Zahlen inklusive.

Sie sind weniger geworden in den letzten Jahren. Knappe Umsätze, Konkurrenz durch unpersönlichere Tankstellen oder Bahnhofsläden, rigide Vorgaben bei den Öffnungszeiten und länger geöffnete Supermärkte machen ihnen zu schaffen. Die Coronapandemie hat ebenfalls nicht geholfen.[11] So fallen Orte für den schnellen Einkauf, aber auch den kurzen Plausch über die Ereignisse in der Nachbarschaft weg.

Der Friseur als Zentrum im Kiez

Wo sich dann austauschen über die Ereignisse der Nachbarschaft? In dem Viertel in Berlin, in dem ich wohne, gibt es einen preisgünstigen Friseur, direkt um die Ecke. Der Besitzer hat den Laden von seinem Vater übernommen, der wiederum hat die Lizenz kurz nach dem Krieg durch Bekannte beim Bezirksamt bekommen. In diesem Laden gibt es keine Termine: Man kommt, wenn man die Haare geschnitten haben will, und nimmt auf einem der fünf freien Stühle im Raum Platz und wartet.

Der Friseur kennt Gott und die Welt: Er scherzt über die Lehrer:innen der lokalen Schule, ärgert sich über eine Geschäftsschließung in der lokalen Einkaufsstraße und kennt zu jedem Thema jemanden aus der Nachbarschaft, dem er schon seit seiner Kindheit die Haare schneidet. Auch als Wartender wird man schnell Teil des Gesprächs, dessen Zentrum der Friseurmeister und sein aktueller Kunde sind. Man erfährt so mehr über die Begebenheiten der Nachbarschaft, als es Lokaljournalismus jemals leisten könnte. Kann man etwas besonders gut und lässt es durchscheinen, wird man schnell engagiert: als Nachhilfelehrerin oder für Nachbarschaftshilfe am PC. Auch Politik wird diskutiert, aber konkret anhand der störenden Poller, die gebaut wurden, anhand neuer Radspuren, anhand von Baustellen, von Steuern und Heizkosten.

Es sollte klar geworden sein: Man kommt nicht nur zum Haare schneiden in den Laden, sondern weil er ein kleiner Teil von Sozialintegration im Kiez in einer eigentlich anonymen Großstadt ist. Anwesende erfahren nicht nur viel Neues hier, sie hören auch, wie Menschen darüber sprechen – ganz konkrete Menschen, die sich auf der Straße vermutlich ignorieren würden. Und man wird eingebunden, beinahe mit etwas Druck, in ein nachbarschaftliches Netzwerk, das über die Integrationsfigur des Friseurs funktioniert.

Spannenderweise sind Friseure keine aussterbenden Begegnungsorte. Ihre Zahl hat sich seit dem Jahr 2000 von 63.000 auf über 80.000 entwickelt.[12] Diese Zahl könnte allerdings bald zurückgehen, denn es herrscht akuter Fachkräftemangel in der Branche. Das zeigen nicht nur die Gesuche in den Schaufenstern vieler Friseurläden, auch die Zahlen bestätigen diesen Trend. Weniger Angestellte müssen also die gleiche Anzahl von Kund:innen versorgen – die Zeit für den Plausch wird knapper.[13] Und doch bleiben Friseure wichtige Begegnungsorte für den sprachlichen Austausch. Was sonst sollte man tun, während man auf dem Stuhl sitzt und die Haare geschnitten oder toupiert bekommt?

Über Bücher die Welt erschließen – und die Umgebung

Mal ehrlich: Wann waren Sie zum letzten Mal im Buchladen um die Ecke? Gibt es ihn überhaupt noch? Große Ketten und vor allem der Onlinehandel sind auf dem Vormarsch. Das hat dramatische Folgen: Gab es bis 2008 noch über 5000 Buchhandlungen in Deutschland, waren es 2021 nur noch knapp 3000.[14]

Auch hier machen die Zahlen deutlich: Die Anzahl der Buchhandlungen sinkt ebenso wie der Umsatz im Sortimentbuchhandel, während der Internetbuchhandel große Zuwächse verzeichnet.[15] Ganz so schlecht sind die Nachrichten aber nicht: Kleine Buchhandlungen und Ketten mit einem Umsatz von unter 1 Million Euro pro Jahr bilden nach wie vor den Hauptteil des Buchhandels.[16]

Dabei haben die kleinen Buchläden im Ort oder Stadtteil einen großen Vorteil: Sie kennen ihre Kund:innen und beraten oft besser als die großen Ketten. Man kann dort über Literatur ins Gespräch über alles Mögliche kommen. Warum steht der neue Precht so prominent in der Auslage? Welche Bücher von Autorinnen kann man empfehlen? Welches Werk verrät mir, was politisch in der zweiten Hälfte der 2020er wichtig wird? All diese Fragen können zu kleinen Kontroversen führen – und über dieses Gespräch zu etwas mehr Verständnis füreinander. Das kann auch mal zu Streit führen, wenn man sich über die Bewertung der neuen Autobiographie einer Politikerin in die Haare bekommt. Aber auch Streit ist ein wichtiger Austausch.

Und mehr noch: In den Buchläden vor Ort finden oft Lesungen, Buchvorstellungen und Diskussionsveranstaltungen statt. Sie sind Gesprächsanlässe, aber auch die Möglichkeit, Menschen aus der Wohnumgebung für längere Zeit wahrzunehmen. Sie wussten nicht, dass ihre Nachbarin ein großer Fan von Schätzing ist? Dann haben Sie ja jetzt ein Thema – und der Kinderlärm, der sie manchmal nervt, kann auch gleich freundlich mitbesprochen werden.

Politische Bildung und ihre verkannten Effekte

Die bisher beschriebenen Orte schaffen vor allem einen flüchtigen sprachlichen Austausch. Er mag manchmal tiefer gehen, muss es aber nicht. Eine grundlegende Veränderung eigener Haltungen ist in solchen flüchtigen Gesprächen nicht zu erwarten. Aber geht das überhaupt:

Über einen sprachlichen Austausch die eigenen Haltungen infrage stellen und womöglich verändern? Es gibt einige Orte, die das zumindest versuchen. Sie sind seltener im Alltag verankert, man geht nicht häufig einfach durch oder vorbei, um Besorgungen zu machen. Aber auch die Orte im Folgenden werden von vielen Menschen genutzt, und sie haben das Potenzial, über sprachlichen Austausch zu Verständigung beizutragen.

15 bis 20 Menschen, eine Woche lang gemeinsam in einem Seminarhaus mitten in der Natur, weitgehend abgeschnitten vom Rest der Welt: Das könnte der Beginn eines Krimis sein – oder eines erstaunlichen Austausches. Wer einmal ein Wochenseminar im Bildungsurlaub besucht hat, kennt dieses Format ebenso wie Menschen, die sich regelmäßig fortbilden. Bildungsurlaub ist nur eine – recht intensive – Form, in der Politische Bildung stattfindet. Kürzere Diskussionsveranstaltungen zu unzähligen Themen, Weiterbildungen in Argumentation und Rhetorik, die gemeinsame Erstellung von Videos oder Materialien – die Landschaft der politischen Bildung ist vielfältig. Und sie findet in verschiedenen Lebensphasen statt: Natürlich an Schulen, zum Teil sogar so benannt, aber auch in der außerschulischen Bildung, in der sozialen Arbeit und vor allem in der Erwachsenenbildung.

Manchen gilt sie als Hort links-grüner Didaktik, wieder andere sehen sie als letzte Hoffnung für die Demokratie. Beide Positionen sind oberflächlich, häufig eher politische Meinungsäußerungen als analytische Kommentare. Ein Feindbild oder eine Hoffnung zu haben, hilft, die eigene Position zu bestärken. Beide verkennen die wirkliche Stärke politischer Bildung: Sie bringt Menschen aus unterschiedlichen Regionen, Milieus und Lebensrealitäten zusammen, mit verschiedenen Interessen, diversen Teilnahmemotiven, deren Leben sich selten gleichen. Diese Menschen werden anhand von Themen in einen sprachlichen Austausch gebracht, und selten gehen sie genauso heraus, wie sie hineingekommen sind.

Das hat etwas mit dem Grundkonsens zu tun, auf dem Politische Bildung aufbaut und nach dem sie funktioniert. Der in den hitzigen 1970er Jahren verabschiedete Beutelsbacher Konsens[17] hält drei Maximen fest: Das Überwältigungsverbot, die breite Darstellung kontroverser Positionen sowie die Befähigung der Lernenden dazu, sich selbst ein Urteil zu bilden. Sie ist also viel mehr die Unterstützung mündiger Staatsbürger:innen als Indoktrination. Dass dabei häufig gemäßigte politische Positionen herauskommen, damit muss man wohl rechnen.

Politische Bildung – kein Nischenthema

Zahlen zur Politischen Bildung sind nicht so einfach zu finden. Das hat auch mit einer zersplitterten Landschaft zu tun: Es gibt sie als Bildungsurlaub, an Volkshochschulen, bei konfessionellen oder gewerkschaftsnahen Trägern, bei den Politischen Stiftungen, aber vor allem bei einer Vielzahl kleiner, häufig regional oder thematisch spezialisierter Anbieter. 2018 haben laut einer Schätzung etwa 2,5 Millionen Teilnehmende an Veranstaltungen der Politischen Erwachsenenbildung teilgenommen.[18] In der Politischen Jugendbildung sollen es 2013 ca. 700.000 Kinder und Jugendliche gewesen sein. Interessant: Die Anzahl der Einrichtungen der außerschulischen Jugendbildung hat sich von 1990 bis 2016 fast halbiert, es gab 2016 nur noch 221 Einrichtungen. Damit ging auch ein starker Rückgang des Personals einher.[19]

Die nicht erst seit Inflation und Preiskrise angespannte finanzielle Ausstattung der Politischen Bildung und die oft prekäre Bezahlung der Lehrkräfte ist deshalb umso bedauerlicher. Politische Bildung ist nicht die (übrigens relativ günstige) Generallösung für alle Probleme einer Demokratie, notwendig und hilfreich ist sie aber schon. Die Grundlagen unserer Demokratie zu kennen, aktuelle Themen und Fragestellungen zu durchdringen und zu diskutieren und vor allem mit anderen Menschen in einen intensiven, aber freundlichen weil angeleiteten Austausch zu kommen, ist ein wichtiger Baustein für unsere Demokratie. Nur mit Wissen über unsere Umwelt, mit Rüstzeug für stürmische Veränderungen sogar und durch Austausch mit anderen sind wir gerüstet für die multiplen Krisen, die jetzt und in Zukunft zu bewältigen sind.

Begegnungsabteile und Gesprächskassen

Etwas künstlich wirken sie schon: Die Begegnungsabteile in manchen Zügen, die Gesprächskassen in Supermärkten oder Bänke, auf denen groß »Begegnungsbank« steht. Denn: An der Kasse geht es nicht wie sonst üblich ums schnelle Bezahlen, der Bezahlvorgang rückt vielmehr in den Hintergrund. Im Vordergrund steht der Austausch mit dem Personal, man unterhält sich, gern auch etwas länger, oft kennt man sich schon. Ähnlich ist es im Begegnungsabteil: Man will pünktlich von A nach B kommen, sich zugleich aber auch mit den meist unbekannten

Mitreisenden unterhalten. Konflikte zwischen redseligen Pensionären und arbeitenden Businessfrauen werden so über die explizite Benennung von Räumen gelöst: Hier geht es ums Gespräch, dort kann man in Ruhe arbeiten. Und auf der Bank hält man nicht wie gewohnt Abstand voneinander und sucht sich eine leere, sondern setzt sich direkt neben Unbekannte und beginnt ein Gespräch mit ihnen.[20]

Begegnungsabteile, -bänke und Gesprächskassen sind deshalb spannende Versuche, weil sie dort ansetzen, wo Menschen sowieso sind: beim Einkauf, auf dem Spaziergang und bei ihrer Mobilität. Sie sind eine Option, für oder gegen die man sich entscheiden kann.

Geplante Begegnung – Inspirationen für den Alltag?

Es gibt eine Vielzahl an Projekten und Initiativen, die Begegnungen und Gespräche mit Menschen außerhalb des eigenen Umfeldes initiieren wollen. Kurz vor der Bundestagswahl 2017, als zahlreiche Bürger:innen Angst vor einem Einzug der AfD ins deutsche Parlament hatten, fuhr etwa ein Bus der Begegnung durchs Land, baute auf Marktplätzen ein paar Tische auf und wollte mit Menschen ins Gespräch kommen.[21] Und am dritten Samstag im Juni stellen Menschen Tische und Stühle heraus und laden zum »Tag der offenen Gesellschaft«, den die fast gleichnamige Initiative Offene Gesellschaft organisiert. Ausgestattet mit einer kleinen Aktionsbox, deren Inhalt zu gemeinsamen Aktivitäten verleiten soll, kommen Menschen zusammen – auch solche, die vielleicht sonst nicht miteinander sprechen würden. 2023 war das Motto des Tages »fairplappert euch«, im Mittelpunkt standen konstruktive Debatten mit Menschen außerhalb des eigenen Milieus, der eigenen Blase. Etwa 30.000 Menschen folgen jedes Jahr dem Aufruf.[22]

Dazu, Andersdenkende miteinander ins Gespräch zu bringen, gab es in den letzten Jahren vielfältige Versuche. Beinahe wissenschaftlich mutet ein Projekt an, das aufgrund seines Erfolges inzwischen in verschiedenen Weltregionen adaptiert wurde. Gestartet als »Deutschland spricht« und entwickelt aus der Redaktion der ZEIT, ist das Format heute als »My Country Talks«“ in vielen Ländern der Welt verfügbar.

Geplante Gespräche können Vorurteile abbauen

Bei »My Country talks« beantworten Menschen online, oft auf den Seiten großer Nachrichtenmedien, zuerst einen kurzen Fragebogen. Daraufhin werden sie – wenn sie dem zustimmen – mit einer Person in Kontakt gebracht, die recht gegensätzliche Ansichten hat. Ihre Aufgabe: Sie sollen sich zu einem Gespräch verabreden, Themen und Länge egal, digital oder analog. Das Ziel: Menschen miteinander ins Gespräch bringen, die sonst vielleicht gar keinen Kontakt miteinander haben würden – weil sie die Geographie trennt oder die politischen und weltanschaulichen Ansichten, weil sie andere Orte besuchen, anders arbeiten.

Das Format ist zwar zumindest in Teilen digital und durch seine Planung weit weg vom Alltag, aber es lohnt sich trotzdem, genau hinzuschauen. Denn: »My Country Talks«“ wurde zweimal auf seine Wirkungen hin untersucht. Das erste Mal 2018, da hatten bereits 12.000 Menschen teilgenommen, die mittlere Gesprächsdauer betrug zwei Stunden. Das ist wesentlich mehr, als die meisten Begegnungsprojekte erreichen. Die Ergebnisse der Untersuchung machen Hoffnung: Bereits diese zwei Stunden Gespräch scheinen auszureichen, um die Polarisierung abzuschwächen. Die Gespräche schaffen es, Vorurteile übereinander abzubauen.[23]

Die zweite Untersuchung von 2023 fand heraus, dass die affektive Polarisierung zwischen den Gesprächspartner:innen durch die Gespräche abgenommen hat. Das heißt, sie hatten weniger negative Gefühle gegenüber Personen aus der Gruppe der Andersdenkenden als zuvor. Was sich dagegen nicht verändert hat, waren die Positionen zu den diskutierten Themen. Die Gespräche führten also nicht zu einer Veränderung in der politischen und weltanschaulichen Positionierung. Was spannend ist: Die Gesprächspartner:innen haben vor allem kontroverse politische Themen diskutiert, und 90 % konnten Überschneidungen in ihren Begründen für Positionen feststellen.[24]

Natürlich nehmen an solchen Formaten nur die teil, die potenziell offen sind für den Austausch mit Andersdenkenden. Aber die Ergebnisse der Studien und die hohen Teilnehmendenzahlen zeigen, wie hoch das Bedürfnis danach ist, sich über politische und weltanschauliche Grenzen hinweg auszutauschen. Und sie zeigen sehr eindrücklich, dass Gespräche – auch kurze, nicht regelmäßige – dazu beitragen können, dass Vorurteile abgebaut werden und Menschen einander als legitime Mitglieder einer Gesellschaft akzeptieren. Sie zeigen, mit anderen Worten, welche Macht Gespräche entfalten können, wenn sie einen passenden Rahmen haben. Dieses und andere Projekte sind wichtig, um zu zeigen, dass Gespräche funktionieren – und dass ein Bedarf dafür da ist. Sie sind auch wichtig zum Ausprobieren der richtigen Settings und Formate.

Miteinander ins Gespräch kommen

Sich mithilfe von Sprache auszutauschen, ermöglicht die Bearbeitung komplexerer Themen. Mehr noch: Sprache ist die Grundlage für komplexe Gesellschaften wie unsere, weil nur Sprache zur Bewältigung komplexer Probleme taugt. Sie ist auch die Grundlage für viele Prozesse unseres Miteinanders.

Der sprachliche Austausch mit Mitmenschen ist auch wichtig, um sich über so verschiedene Themen wie das Wetter, die Nachbarschaft, Literatur, Politik, Lebensziele, Werte und vieles mehr auszutauschen. Hier können sowohl Gemeinsamkeiten wie auch Unterschiede thematisiert werden, Missverständnisse können aufgefangen, Haltungen bekräftigt oder verändert und Begründungen besprochen werden. Das ist mehr als die reine, häufig vielsinnige Wahrnehmung von Menschen.

Es gibt einige Orte, die sich für den sprachlichen Austausch anbieten. Das kann ein flüchtiger Austausch an der Supermarktkasse sein, etwas tiefgehender beim Friseur, oder darauf angelegte, dafür weniger alltägliche Formate wie die der politischen Bildung. Vor allem Cafés oder Kneipen sind Orte, an denen man miteinander diskutieren kann.

Was passiert, wenn sich dieselben Menschen immer wieder treffen, wenn sie die Chance haben, sich besser kennenzulernen, tiefergehendes Vertrauen zueinander aufzubauen? Um Orte, an denen das möglich ist, geht es im nächsten Kapitel.

6. Wiederkehrende Begegnung

Wen wir in Häusern, Schulen und beim Boule im Park treffen

Hier treffen sich (fast) alle am Anfang ihres Lebens: In der Schule. Etwa zehn Jahre, manchmal zwölf oder 13, verbringen Kinder und Jugendliche miteinander. In wechselnden Konstellationen zwar, aber der Klassen- und später Stufenverband sind doch für eine Weile konstant. Man trifft also immer wieder auf dieselben Menschen, lernt sie besser kennen, manche mag man, andere weniger. Man lernt etwas über ihre Familien, Lebensumstände, Vorlieben, Hobbys.

Vermutlich kommt von diesem Angewiesensein aufeinander der Ausspruch, dass Schule auch eine Schule der Demokratie sei. Man muss miteinander klarkommen, innerhalb bestimmter Regeln das Miteinander aushandeln, es gibt Freundschaften und Konflikte, manchmal auch Streit und wenn die Regeln von zu vielen als falsch betrachtet werden, offenen Protest. Es gibt Institutionen, an die man sich wenden kann – Schüler:innenvertretungen, Vertrauenspersonen und andere – und es gibt informelle Wege, Einfluss zu nehmen. Vor allem aber muss ständig ergründet und ausgehandelt werden, wie mit der Welt umgegangen werden kann.

Das meint nicht, dass Schulen demokratische Institutionen im Sinne von Mehrheitsentscheidungen sind. Deutschlands Schulen sind hierarchisch gegliedert, die Inhalte des Lehrplans politisch beschlossen, Ministerien wachen über Lehrkräfte, die wiederum Wissen und Kompetenzen bestmöglich vermitteln. Schüler:innen haben relativ wenig zu sagen, was ihre Lernsituation betrifft. Im Drumherum können sie oft mitbestimmen – etwa, ob es einen neuen Kaffeeautomaten geben soll oder lieber neue Bücher für die Schulbibliothek oder wohin man am Wandertag fährt. Auch in den Gremien sind ihre Vertreter:innen beteiligt, allerdings – wie auch die Eltern – weit entfernt von einer Mehrheit.

Schulen sind aber Institutionen der Demokratie, mehr noch als bisher diskutiert eben, weil dort etwas stattfindet, das Peter Siller »allgemeine Begegnung«[1] nennt. Hier kommen alle zusammen: Die Tochter des Verkäufers, der Sohn der Verkehrsrechtsanwältin und das Kind einer Landrätin – sie treffen sich alle in den Klassen.

Schulen sind auch deshalb wichtige Orte, weil sie vielfältige Begegnungsmöglichkeiten bieten. Sie vereinen ernste Formate, also etwa den Unterricht, der auf den Zweck der Kenntnis- und Kompetenzerweiterung ausgelegt ist, mit geselligen, etwa den Pausen, Schulfesten, Aufführungen und mehr. Im Ganztagsbetrieb kommen am Nachmittag häufig Aktivitäten hinzu, die zuvor in Vereinen stattfanden. Diese Mischung von unterschiedlichen Begegnungsmöglichkeiten, gepaart mit den relativ konstanten Gruppen, ermöglichen einen Beziehungsaufbau von Menschen untereinander. Man lernt sich kennen, nicht unbedingt mögen. Man bekommt Einblicke in das Denken und Leben von anderen, lernt, dass andere anders sind. Und man lernt eben tagtäglich, das Miteinander auszuhandeln.

Schulen boomen

Die Schulen in Deutschland – sie werden nicht weniger. Ganz im Gegenteil: Gerade gibt es vielerorts einen Mangel an ausreichend Schulplätzen, es wird nachgebaut, Lehrkräfte händeringend gesucht.

Aber treffen sich wirklich (fast) alle an Schulen in Deutschland? Nein, denn mehrere Mechanismen führen dazu, dass Schulen segregierter sind, als sie es müssten. Grundschulen sind in Deutschland meist streng nach Einzugsbereich gegliedert. Sie spiegeln also die Homogenität oder Heterogenität der sie umgebenden Straßenzüge und Stadtteile wider. Das ist ein Instrument, das eigentlich vor homogenen Schulen schützen soll – ebenso wie vor langen Schulwegen und vor überfüllten oder leeren Klassen. Die Heterogenität der Schulen ist ein Anspruch unter vielen und wie die meisten Entscheidungen ist auch der Zuschnitt der Einschulungsbezirke umkämpft.

Aber das ist nicht der einzige Grund. Die Journalistin Julia Friedrichs hat dies anhand von Berlin-Kreuzberg beschrieben, einem Stadtviertel, in dem einige Straßenzüge zunehmend von der gehobenen Mittelschicht bevölkert werden, während in anderen Großsiedlungen mit hohem Sozialwohnungsanteil aus den 1960er und 70er Jahren über den Straßen thronen. Sie beschreibt, wie Eltern auf beiden Seiten der Kreuzberger Urbanstraße, die die Wohngebiete von Milieus trennt, für das Wohl ihrer Kinder einstehen. Die ärmeren Bewohner:innen der Großsiedlung sind auf die staatliche Grundschule im Viertel angewiesen, während Mittelschichtseltern versuchen, diese durch private Kindergärten und Schulen zu umgehen. Der Effekt? Es gibt wenig Begegnungspunkte zwischen den Kindern beider Viertel – als einziger bleibt der Metrobus M41, der diesen Teil Kreuzbergs mit der Innenstadt verbindet.[2]

Schulflucht ist ein moralisches Problem

Aber die Schulflucht wohlhabender Eltern ist nur ein kleines Problem, eher ein moralisches als ein strukturelles. Was für das einzelne Kind vorteilhaft sein mag und aus Elternsicht nachvollziehbare Gründe hat, ist für die Gesellschaft nicht unbedingt gut. Individuell positives Verhalten kann negative kollektive Folgen haben. Und es ist wichtig, sich neben der guten Bildungskarriere für das eigene Kind – die sowieso zu großen Teilen von der Elternunterstützung abhängt – zu fragen, welche kollektiven Folgen die eigenen Entscheidungen haben.

Viel grundlegender ist die zunehmende Entmischung von Stadtteilen. Ein wichtiger, aber nicht der einzig relevante Indikator ist die Verteilung von Einkommen. Der Soziologie Marcel Helbig hat die Ungleichverteilung von Armut, Reichtum, Bildung und Ethnie in 150 deutschen Städten jüngst in einer Studie untersucht. Wie ungleich sind Deutschlands Städte? Das ist recht unterschiedlich, wie Helbig herausfindet. Vor allem in Ostdeutschland, im Norden und im Ruhrgebiet gibt es eine große Segregation von Armut und Reichtum, aber auch von Ethnie in den Städten. Die Städte Süddeutschlands dagegen sind gleichmäßiger verteilt. Das liegt vor allem an den sehr teuren Mieten in den Innenstädten. Die Mittelschicht ist dadurch oft gezwungen, in die Randbezirke zu ziehen, die so stärker durchmischt werden – ein paradoxer Effekt. Helbig stellt auch fest, dass vor allem sehr arme Viertel weitere Armut anziehen. Auch der Zuzug aus dem Ausland erfolgt vor allem in ärmere Stadtteile.[3] Das hat auch negative Folgen für die Qualität von Grundschulen. Neben der Verbreitung privater Grundschulen ist die soziale Segregation und damit die homogene Schüler:innenschaft an Grundschulen zunehmend ein Problem für die Begegnungsmöglichkeiten in unserer Gesellschaft.[4] Die Volksschule, also die Grundschule für alle, wird so immer mehr zur Illusion.

Diese Segregation hat Folgen: Menschen begegnen sich nicht mehr auf der Straße, im Supermarkt, im Café – vor allem aber nicht mehr im Wohnhaus und in der Schule. Gerade das Wegfallen dieser wiederkehrenden Begegnungen, die zu Bekannt- oder gar Freundschaften führen können, die tiefere Einblicke in die so unterschiedlichen Leben verschiedener Personen geben können, fehlen.

Weiterführende Schulen mischen nicht

Nach der Grundschule kommen die meisten Kinder auf eine weiterführende Schule. Es wird neu gemischt – könnte man meinen. Aber die Schulempfehlung verschärft das Problem fehlender sozialer Durchmischung häufig, anstatt es zu beheben. »Leistung« hängt in Deutschland vor allem vom formalen Bildungsniveau des Elternhauses ab. Und die vermeintliche Leistung wird vor allem durch Noten abgebildet.

Deutschland hat ein gegliedertes Schulsystem. Das heißt: Nach der Grundschule von vier oder sechs Jahren werden die Schüler:innen in verschiedene Schulformen aufgeteilt. Je nach Bundesland sind es zwei oder drei verschiedene Formen, oft ergänzt durch durchgehende Gemeinschafts- oder schulformübergreifende Gesamtschulen, es gibt im deutschen Bildungsföderalismus zusätzlich viele Sonderformen. Diese Aufteilung geschieht nach Noten, die vermeintlich objektiv abbilden sollen, was die Kinder und Jugendlichen in bestimmten Bereichen zu einem bestimmten Zeitpunkt können. Die Empfehlung für eine Schulform ist aber auch abhängig davon, ob Lehrkräfte erwarten, wie sich Schüler:innen an einer bestimmten Schulform schlagen werden, ob sie diese schaffen werden. Diese Einschätzung hat auch etwas mit einem Urteil über die familiären Unterstützungsstrukturen zu tun. Das ungleiche Entscheidungsverhalten von Eltern tut ihr Übriges.[5]

Am Gymnasium finden sich so vor allem Kinder des Bürgertums, während sich – da, wo es sie noch gibt – die Unterschicht an den Hauptschulen und zunehmend auch an Gesamtschulen tummelt. Das ist aus vielen Gründen problematisch. Es führt aber auch dazu, dass die alltägliche Begegnung von Kindern und Jugendlichen aus unterschiedlichen

Milieus reduziert wird. Andere Milieus, das sind dann schon im jungen Alter immer die anderen, die man auf der Straße oder im Einkaufszentrum sieht, mit denen man aber wenig zu tun hat. Freizeitaktivitäten wie Fußballvereine, Tanzclubs und mehr können das immer weniger ausgleichen, wenn junge Menschen während des Ganztagsbetriebs die meisten Stunden in der Schule verbringen – und auch ihre Freizeitaktivitäten in Teilen dorthin verlegen. Man trifft dann im Tanzverein in der Turnhalle der Schule auch nur die Kinder, mit denen man vormittags die Schulbank gedrückt hat. Das ist kein Plädoyer gegen Ganztagsschulen: Sie haben das Potenzial, einige der Ungerechtigkeiten der deutschen Gesellschaft auszugleichen. Allein sind sie aber kaum in der Lage, Begegnungen unterschiedlicher Menschen sicherzustellen.

Elternabende sind mehr als nur anstrengend

Was für Kinder und Jugendliche gilt, gilt an Kitas und Schulen natürlich auch für Erwachsene: Elternabende sind Begegnungsorte, an denen man sich sehr konkret mit den Lebensrealitäten anderer Familien auseinandersetzen muss. Muss die Klassenfahrt nach Kitzbühel gehen oder reicht die Ostsee? Ist der Mathematikunterricht nur für einige herausfordernd oder für alle zu schwer? Gibt es unter den Eltern Handwerker:innen, die am Wochenende bei Ausbesserungsarbeiten helfen können, für die der Landkreis kein Geld hat? Und wer bringt beim Schulfest welches Essen mit? Elternabende sind Orte, an denen man mit den sozialen und kulturellen Lebensrealitäten anderer konfrontiert wird. Hier müssen gemeinsame Lösungen gefunden werden, die ein gewisses Verständnis für die Situation von anderen erfordern. Das mag oft anstrengend sein, eine zusätzliche Belastung im sowieso schon vollen Alltag. Aber ganz nebenbei erfährt man eben doch, wie die Nachbarn leben und verständigt sich mit ihnen.

Schulen sind zentral für die Begegnungserfahrung von Menschen in einer Gesellschaft. Bei Schulen stellt sich mehr als bei anderen Orten die Frage: Wo begegnet sich Gesellschaft, wenn nicht hier? Homogener werdende Einzugsgebiete und die frühe Selektion in unterschiedliche Schultypen verringern die Diversität an Begegnungserfahrungen. Deshalb sind Schulen so zentral, nicht nur für die Lebenschancen von Individuen, sondern auch für die Begegnungschancen innerhalb einer Gesellschaft.

Modus: Wiederkehrende Begegnung

Was ist es, was Schulen, Elternabende und Co. vereint? An diesen Orten treffen sich dieselben Menschen immer wieder. Natürlich: Sie nehmen einander wahr, sie tauschen sich auch sprachlich aus. Aber es macht einen Unterschied, ob das mit unterschiedlichen oder immer wieder mit denselben Personen geschieht. Trifft man immer wieder dieselben Personen, kann ein vertieftes Vertrauen zueinander aufgebaut werden. Vertrauen meint nicht unbedingt, einander zu mögen oder sich intime Dinge anzuvertrauen. Vertrauen meint erst einmal Erwartungssicherheit. Ich weiß, dass die Person in ähnlichen Situationen bisher immer so und nicht anders reagiert hat, also wird es dieses Mal wohl auch so sein. Das kann sein, dass Thomas sich in der Klasse selten an Gruppenarbeiten beteiligt und man deshalb unter keinen Umständen mit ihm in eine Gruppe möchte oder dass Shirin beim Elternabend immer als erste zu verteilende Aufgaben übernimmt. Erwartungen können vielfältig sein. Wichtig ist: Man kann sich bei mehrmaliger Begegnung derselben Personen darauf einstellen, kann Gruppendynamiken abschätzen. Aber das ist noch nicht alles.

Trifft man Menschen immer wieder, erhält man fast unweigerlich tiefere Einblicke in deren Leben. Beim Elternabend sind das etwa die finanziellen Möglichkeiten und kulturellen Vorlieben von Familien, im Jugendclub die modischen und musikalischen Vorlieben von Jugendlichen, und im Büro die Arbeitsweisen von Menschen, ihre Freizeitbeschäftigung, ihre Getränkewahl, ihr Kommunikationsstil und ihre Kompatibilität mit anderen Kolleg:innen. Bei jeder Begegnung entstehen Anknüpfungspunkte – dass man Puddingplunder besonders mag, braucht man beim nächsten Elternabend ebenso wenig zu sagen, wie man nicht mehr erwähnen muss, dass Social-Media-Texte nicht die eigene Stärke sind, nachdem ein Post schiefgegangen ist. Auf dieses Wissen kann man setzen. Und so dringt man bei jedem Wiedertreffen immer etwas tiefer ein in Leben und Sein seines Gegenübers.

Und noch etwas macht wiederkehrende Begegnungen interessant: Wiedersehen zivilisiert. Niklas Luhmann nannte das einmal »das Gesetz des Wiedersehens«. Er bezog sich auf Verhandlungen vor Gericht, wo sich seiner Beobachtung nach Staatsanwaltschaft und Verteidiger:innen nie mit voller Kraft bekriegen, weil sie in einem anderen Fall auf die Kooperationsbereitschaft ihres Gegenübers angewiesen sein könnten. Sie sehen sich eben immer wieder und sind deshalb netter zueinander, als es für die Bearbeitung eines einzelnen Falls notwendig wäre.[6]

Das passiert auch in vielen anderen Kontexten. Man muss mit den Kolleg:innen zusammenarbeiten, auch wenn man sie nicht mag, und diskutiert so nicht jede Unstimmigkeit aus, bis man recht bekommt.[7] Man geht (meist) zivilisiert miteinander um im Klassenraum, es könnte einen selbst irgendwann treffen. Und beim Elternabend setzt man nicht die Klassenfahrt nach St. Moritz durch, sondern gibt sich mit Skifahren im Fichtelgebirge zufrieden, wenn es dem Klassenfrieden dient.

Demokratie durch den Arbeitsplatz

Mit der Demokratie am Arbeitsplatz ist es oft nicht weit her: Unternehmen sind weit überwiegend hierarchische Gebilde, Entscheidungen werden an der Spitze getroffen – oft zum Leidwesen der Untergebenen. Entscheidungsmacht liegt oft in den Händen der Besitzer:innen von Produktionsmitteln, so gut und gemeinwohlorientiert sie diese auch einsetzen. Demokratische Unternehmen gibt es, aber ihre Zahl ist sehr gering. Die vermeintliche oder wirkliche Abkopplung des Managements von denen, die *wirklich* die Arbeit machen, ist Gesprächsthema in wohl fast jeder Kaffeeküche. Und von der Wirtschaftsdemokratie, die schon die 68er-Bewegung erträumte, sind wir bis auf wenige Ausnahmen weit entfernt. Daran ändern auch Betriebsräte wenig – sie bestimmen *mit*, aber in rechtlich eng umgrenzten Bereichen.

Und trotzdem ist der Arbeitsplatz elementar wichtig für die Demokratie. Hier sind Menschen aufeinander angewiesen, die sonst nicht unbedingt freiwillig Zeit miteinander verbringen würden. Wie stark, das merkt man häufig erst dann, wenn sich jemand quer stellt: Wenn die Finanzabteilung keine Zahlen liefert, die Öffentlichkeitsarbeit nicht wie vereinbart postet oder das Facility Management Reparaturen depriorisiert oder das IT-Team Aufgaben nicht erledigt, die aber wichtig dafür wären, dass man reibungslos arbeiten kann.

Niklas Luhmann hat schon früh darauf hingewiesen, dass Organisationen nicht nur durch »Dienst nach Vorschrift« funktionieren. Ganz im Gegenteil: Die meisten würden zusammenbrechen, wenn Menschen nur stumpf Regeln befolgen und Anweisungen abarbeiten würden. Informelle, also nicht auf der Organisationsstruktur basierende Zusammenarbeit, bildet das Rückgrat jeder Organisation.[8] Mit der Kollegin aus der IT schnell ein Problem lösen? Klar, es geht schneller, als ein Ticket anzulegen. Ein kurzes Brainstorming mit dem Chef außerhalb des regelmäßigen Meetings wirkt oft Wunder und reduziert spätere Abstimmungsschleifen. Und ein kurzer Dienstweg in die Nachbarabteilung ermöglicht wichtige Informationen und spart offizielle Abstimmungswege.

In diesem Teil der Zusammenarbeit kann man sich häufig nicht auf festgelegte Regeln zurückziehen – man ist auf Kooperation angewiesen. Und hier gilt umso mehr das Gesetz des Wiedersehens: Helfe ich dir, so wird mir eines Tages auch geholfen.

Aber das ist noch nicht alles: Die Kaffeeküche gilt nicht umsonst als wichtigster Ort eines Büros. Natürlich, um Dampf abzulassen – aber nicht nur. Abseits des Arbeitsortes, mit freierem Kopf, kommt man oft auf die besten Ideen. Und: Man trifft Menschen aus anderen Abteilungen, mit denen man sonst vielleicht keinen Austausch hätte. Privates und Geschäftliches, es vermischt sich. Die Kollegin erzählt von ihrem Wochenende, jemand regt sich über einen Post in den sozialen Medien auf, die Tatortfolge oder die letzte Ausgabe vom Dschungelcamp werden diskutiert – Themen gibt es genug.

Der Kontakt macht nicht unbedingt in der eigenen Firma halt: Selbst, wenn man sich dort sozialstrukturell sehr ähnelt, hat man oft mit anderen Unternehmen zu tun, ob mit Kund:innen, Dienstleistern, Geldgebern oder Partnern. Der Austausch ist vielfältig, nur zu einem kleinen Teil sucht man sich die Gesprächspartner:innen selbst aus. Man erfährt etwa, dass die Putzkräfte zwei kleine Kinder haben, die häufig während der Reinigung in den Büros sitzen, weil die Kitaplätze rar sind. Oder dass Lieferschwierigkeiten bei einem Zulieferer zu Kurzarbeit oder gar Entlassungen führen, obwohl die Auftragsbücher voll sind. Man gewinnt Einblicke, manche nur flüchtig, andere tiefer, in andere Arbeits- und Lebensrealitäten. Man ist auf Kooperation angewiesen, kann sich auf die Gegenüber einstellen lernen, weil man Beziehungen aufgebaut hat. So gelingt auch die Zusammenarbeit mit dem Kollegen, der sich nie an Absprachen hält, dafür aber spontan kreativ sein kann.

Arbeiten digital

Die Coronapandemie hat die Arbeitswelt stark verändert. Plötzlich haben Millionen Menschen von zuhause aus gearbeitet, haben Firmen ihre digitalen Infrastrukturen ausgebaut, haben Menschen Teams und Zoom gelernt, sind Dateiablagen digitalisiert worden, selbst in manchen Verwaltungen. Corona war auch ein riesiger Digitalisierungsschub für unsere Arbeitswelt.

Natürlich: Es gibt weiterhin viele Jobs, die nicht von zuhause aus zu erledigen sind: Müllwerkerinnen und Krankenpfleger, Installateurinnen und Straßenkehrer, Pilotinnen und Zugpersonal. Diese Alltagshelden, für die während der Pandemie zwar geklatscht wurde, deren Arbeitsbedingungen aber häufig prekär sind, kriegen wenig mit vom Trend zum Homeoffice. Die Zahlen sind aber eindeutig: Während der Pandemie hat sich die Zahl der Menschen, die ganz oder teilweise im Homeoffice arbeiten, fast verdoppelt. Auch nach dem Ende der Pandemie ist die Zahl kaum rückläufig, trotz anderslautender Meldungen mancher Großunternehmen, die ihre Belegschaften ins Büro zurückbeordern.[9]

Es war während der Coronapandemie, im zweiten, dritten oder vierten Lockdown, nach Wochen zuhause vor dem Computer und nur mit den engsten Menschen um einen herum, dass viele Menschen gemerkt haben: Homeoffice ist ganz nett – aber es fehlt doch etwas. Der lockere Austausch mit den Kolleg:innen, bei dem man am Ende über etwas ganz anderes spricht als geplant, die Eindrucksfülle menschlicher Begegnungen auf dem Arbeitsweg, aber auch die Reibung mit Personen, mit denen man weniger gut klarkommt: All das ist im Homeoffice beschränkt, und zwar zweifach. Zum einen technisch: Digitale Kommunikation, selbst mit Bild und Ton, bietet immer eine wesentlich geringere Eindrucksfülle. Man sieht nur den Körper gegenüber, teilt keinen gemeinsamen Raum. Technische Verzögerungen tun ihr Übriges: digitaler Kommunikation fehlt etwas (siehe Kapitel 8). Zum anderen umgibt man sich mit immer denselben Menschen: den Liebsten, der Familie, der WG oder Eltern – es fehlen spontane, ungeplante Begegnungen. Es fehlen vor allem Begegnungen mit Kolleg:innen, mit denen man eine Beziehung aufgebaut hat.[10] Die Sozialintegration durch den Arbeitsplatz, sie ist durch das Homeoffice reduziert.

Das ist übrigens kein Plädoyer dafür, wieder alle Menschen ins Büro zurückzubeordern, wie es einige Firmen in größerem Stil tun. Das hat, oft mehr, als sie es zugeben wollen, mit Kontrolle zu tun. Sind Mitarbeitende vor Ort, sind sie ansprechbar, man »sieht«, wie sie arbeiten. Sie sind auch für kurzfristige Aufträge der Chefin verfügbar, ohne die Hürde eines Anrufs. Auch die gewerkschaftliche Skepsis gegenüber Homeoffice hat etwas mit der Erreichbarkeit der Kolleg:innen zu tun, neben der schwereren Abgrenzbarkeit von Beruf und Privatleben, wenn alles im selben Raum stattfindet. Aber die ist durch mobile Endgeräte sowieso schwieriger geworden.

Die Freiheit, sich seinen Arbeitsort und die Arbeitszeit halbwegs frei einzuteilen, hat viel für sich. Sie erleichtert auch die Vereinbarkeit des Berufs mit anderen Teilen des Lebens, sie ermöglicht oft auch ungestörteres Arbeiten – für Wissensarbeitende ein wichtiger Faktor. Und doch sollte klar geworden sein, dass Homeoffice die Begegnungsmöglichkeiten erst einmal reduziert: Es fehlt nicht nur das Büro, sondern auch die Fahrt zur Arbeit, der Plausch im Bistro am Mittag und der Austausch in der Postfiliale.

Jeder schwitzt für sich allein

Wie wäre es mal mit guten Nachrichten? Es gibt mindestens einen Begegnungsort, der boomt: Fitnessstudios. Seit 2008 hat sich ihre Zahl fast verdoppelt, einen Dämpfer gab es lediglich durch die Coronapandemie. Sie lag 2022 bei gut 9.000 Anlagen in Deutschland.[11] Eine noch rasantere Entwicklung haben die Mitgliedszahlen genommen: Waren 2003 knapp 4,5 Millionen Menschen Mitglied in einem Fitnessstudio, waren es 2019 kurz vor der Pandemie 11,7 Millionen.[12] Fitness ist en vogue – nicht nur Anfang Januar.

Die Entwicklung sowohl der Anzahl der Studios wie auch ihrer Mitglieder ist dabei gegenläufig zu denen von Sportvereinen (siehe Kapitel 7). Im Fitnessstudio macht man nicht unbedingt allein Sport, man nimmt andere Menschen wahr, besucht Kurse mit ihnen. Und es ist geselliger, als wenn man einsam seine Runden im Wald dreht. Aber es ist auch etwas anderes, als wenn man im Verein – womöglich noch in einer Mannschaft oder Auswahl – zusammen Badminton spielt, rudert oder Tischtennis spielt. Im Fitnessstudio besucht man beispielsweise gemeinsam Kurse, sieht immer wieder dieselben Leute an den Geräten, plauscht mit den Trainer:innen und feuert sich auch schonmal gegenseitig an. Es bleibt aber etwas individuelles an diesem Sport: Alle verfolgen ihre eigenen Ziele, ob gesünder werden, Stress abbauen, Muskeln aufbauen oder abnehmen. Sie tun dies in ihrem jeweils eigenen Rhythmus, nutzen dafür jeweils eigene Mittel: fünf Mal pro Woche oder nur zwei Mal, Gruppentraining, einzeln oder eine Mischung.

Gruppenkurse scheinen auch nicht wahnsinnig beliebt zu sein: Die meisten Besucher:innen von Fitnessstudios nutzen Kraftgeräte, den Freihantelbereich und Cardiogeräte – also alles Sportarten, die man allein betreibt.[13] Kollektives Schwitzen ja – aber die meisten für sich.

Diese Art des Sports passt zur weitgehend individualisierten Freizeitgestaltung unseres Jahrhunderts. Dass sich alle frei aussuchen können, wie sie ihre Freizeit verbringen, ist ein großer Freiheitsgewinn. Sie passt auch gut zu einer immer verdichteteren Arbeitswelt: Man kann Sport flexibel legen und ist nicht auf feste Trainingszeiten angewiesen. Man kann auch jede Woche anders gestalten, Routinen sind kein Muss.

Sport à la carte

Ein neuer Trend greift in der Fitnessbranche um sich: Buchung per App, die verschiedene Fitnessangebote umfasst. Sie heißen Urban Sports Club, ClassPass oder anders, aber sie haben gemeinsam, dass man sich sein Sportangebot à la carte zusammenstellt. Man geht zum Yoga um die Ecke, in ein Fitnessstudio der Kette A, ins städtische Schwimmbad, eine Boulderhalle oder zum Crosstraining im Park. Man begegnet dabei sicher vielen Menschen, den wiederkehrenden Charakter eines Fitnessstudios oder gar den vergemeinschaftenden Charakter einer Mannschaft hat es jedoch nicht. Das passt gut zum mobilen Lebensstil vieler Menschen – auch deshalb findet dieses Modell so viel Anklang. Aber es führt eben auch dazu, dass man immer neue statt häufiger dieselben Menschen trifft, dass Beziehungsaufbau höchstens noch zu den Trainer:innen möglich ist, kaum zu den Mittrainierenden.

Dorfläden als neuer Mittelpunkt

Wie lassen sich wiederkehrende Begegnungen aktiv gestalten? Zwei sehr unterschiedliche Beispiele zeigen, wie das gelingen kann.

Trebnitz im Osten Brandenburgs ist ein kleiner Ort. Hier gibt es ein Schloss (eigentlich ein Herrenhaus), das als Bildungsstätte ausgebaut wurde, ein angeschlossenes Museum, eine Kirche, einen Bahnhof. Die

Kneipe musste schon vor einiger Zeit dicht machen – es lohnte sich nicht mehr. Und einen Laden, gar einen Ort zum Treffen, gab es außerhalb der Bildungsstätte lange nicht. Einkaufen fuhr man zum Supermarkt, getroffen wurde sich zuhause. Man war auf das Auto angewiesen, um wegzukommen, oder den Zug, der nicht sehr oft fuhr.

Das wollten die Bewohner:innen nicht hinnehmen und haben mit Unterstützung der Bildungsstätte und mit viel ehrenamtlicher Arbeit einen Dorfladen mit angeschlossenem Café eröffnet. Hier gibt es Artikel des täglichen Bedarfs, auch allerlei Leckereien. Es kommen Bewohner:innen, die Besucher:innen des Bildungszentrums sowie Tourist:innen. Das Café ist einfach und funktional, aber es erfüllt seinen Zweck: Man kann lesen, Kaffee trinken und Kuchen essen, aber den Ort auch für Initiativen und ähnliches nutzen. Die Öffnungszeiten sind nicht lang, aber der Laden hat an jedem Werktag geöffnet. Hier trifft man sich, wenn man kurz Besorgungen macht, anstatt ins Auto zu steigen und in den nächsten Supermarkt an einer Ausfallstraße zu fahren. Und einige Menschen verweilen eben, unterhalten sich länger, bringen sich auf den neuesten Stand. An manchen Wochenenden wird der Laden von Jugendlichen betrieben, die lernen, wie man ein kleines Unternehmen führt. Und zwei Mal pro Woche treffen sich die Senior:innen des Ortes zum Austausch.[14]

Der Laden hat es zu einiger Medienaufmerksamkeit geschafft, er gilt als Modell zur Wiederbelebung sterbender Dörfer.[15] Wenn man sie belebt, so der Tenor, werden die Dörfer gleich attraktiver für Zuzügler:innen – und die braucht man in Ostbrandenburg und anderswo dringend. Der Dorfladen zeigt, wie man etwas Nützliches – den täglichen Einkauf – mit einem Raum für Begegnung verbinden kann.

Leider geht es nicht allen Dorfläden gut. In Sigmarswangen musste nach zwei Jahrzehnten einer mangels Personal und wegen der Inflation schließen.[16] Sucht man aber nach Modellen, wie man sterbende Orte wiederbeleben, wie man etwas für ältere, wenig mobile Menschen und gegen Einsamkeit tun kann, sind es solche Orte, die helfen können. In den Laden zu gehen, stellt eine geringe Hürde dar – man möchte ja einkaufen. Das ist leichter, als etwa bei einer Seelsorgenummer anzurufen, auch vor einem selbst. Und die Kooperation von institutionellem Träger mit ehrenamtlichem Engagement kann Vorbild sein.

Stadtplanung zählt

Ein ganz anderes Beispiel kommt aus einer Metropole am anderen Ende der Welt, aus Singapur. Der Stadtstaat gilt als Vorbild, was Stadtplanung angeht. Auf kleinstem Raum müssen Menschen mit sehr unterschiedlichen Hintergründen zusammenleben. Die Stadt hat früh verstanden, dass eine kluge Stadtplanung einen wichtigen Beitrag für ein friedliches Zusammenleben leisten kann. Und es ist notwendig, gut zu planen: Die Stadt ist eine der am dichtesten besiedelten der Welt, ihr Territorium ist endlich (etwa so groß wie Berlin), und ihre Bevölkerung wächst weiter. Aufschüttungen im Meer helfen da nur bedingt. Also wächst die Stadt vor allem in die Höhe.

Die Lösung für die wachsende Bevölkerung? Eine ganzheitliche Planung von Stadtvierteln, mit sozialer Durchmischung, vor allem aber mit verschiedenen Infrastrukturen. Cafés, Kindergärten, Bibliotheken, Parks und die für Singapur so wichtigen Imbissmeilen – das alles wird immer gleich mitgeplant und -gebaut. Häufig finden sich in den Erdgeschossen der Hochhäuser Begegnungsräume, kleine Geschäfte, Imbisse. Das bringt die Nachbarschaft zusammen, sorgt zusammen mit der Durchmischung der Bevölkerung für eine Begegnung von Unterschiedlichen. Neuerdings wird Wert auf mehr Grün gelegt, auch an den Wänden und auf den Dächern der Wolkenkratzer.[17] Das erinnert an die deutsche Raumplanung, denn natürlich werden auch hier Infrastrukturen wie Schulen, Einkaufsmöglichkeiten und Straßen immer mitgedacht, gerade bei völlig neuen Stadtvierteln. Aber soziale Infrastrukturen bleiben oft auf der Strecke, sie haben höchstens einen untergeordneten Stellenwert.

Das ist noch nicht alles: Die singapurische Baubehörde, die auch einen Großteil der Vermietung bzw. des Mietkaufs organisiert, achtet auf eine gute Durchmischung der Bewohnenden. Das ist eine Form von sozialem Wohnungsbau, aber eben nicht nur für Arme, sondern für etwa 85 % der Bevölkerung.[18]

Einen ähnlichen Anspruch haben übrigens die zahlreichen Wohnungsgenossenschaften in Deutschland: Bezahlbarer Wohnraum für ihre Mitglieder, soziale Infrastrukturen, eine gute Nachbarschaft, potenziell für das gesamte Leben. Manche verfügen sogar über Fonds, die kleine Nachbarschaftsprojekte fördern – damit man nicht nur nebeneinander lebt, sondern miteinander, gerade in anonymeren Großstädten. Genossenschaften decken aber nur einen Teil der Wohnungen ab.[19] Die größeren Teile sind über private Vermieter und städtische Wohnungsgesellschaften organisiert. Genossenschaften zeigen, wie soziale Durchmischung und gutes Wohnen funktionieren können.

Singapur hat im Gegensatz zu Deutschland deutlich eingeschränktere Beteiligungsrechte. Die Stadt wird zentral geplant, Bürger:innen häufig nur informiert. Aber auch hier scheint sich etwas zu tun, es gibt erste Ansätze lokaler Partizipation.[20] Es ist natürlich eine berechtigte Frage, ob eine solche Stadtplanung auch in einer liberalen Demokratie möglich ist, in der viele mitreden und am Ende oft kleinste gemeinsame Nenner stehen. Aber es spricht nichts dagegen, ein wenig Utopie zu wagen, es erst im Kopf zu probieren und vielleicht ein paar Ansätze zu testen. Denn: Wo wir wohnen und wer unsere Nachbarn sind, wem wir also alle paar Tage begegnen, von wem wir uns Milch, Mehl und Eier leihen – das bestimmt auch, wie wir Gesellschaft wahrnehmen.

Was aber, wenn man nicht nur immer denselben Menschen begegnet, sondern mit ihnen gemeinsam Dinge unternimmt? Um gemeinsame Aktivitäten geht es im nächsten Kapitel.

7. Gemeinsame Aktivität

Engagement in Warteschlangen, beim Urban Gardening, im Ehrenamt und auf der Arbeitsstelle

Fast alle haben eine ähnliche Szene schon einmal erlebt: Man möchte irgendwo hin, sagen wir in ein Museum, ein Restaurant, eine Behörde, und kommt am Eingang an. Dort stellt man fest: Es stehen Leute an, mehr oder weniger in einer Warteschlange, manchmal in zwei oder drei, die Situation wird dann schnell unübersichtlich. Oft erkundigt man sich dann bei den Menschen am Ende der Schlange: Ist das das Ende? Warten hier Besucher:innen für die Abendkasse? Wofür ist die andere Schlange gut? Wie lange beträgt etwa die Wartezeit? Welche Gruppen haben Sonderrechte?

Eine Warteschlange bindet einen sofort ein in eine gemeinsame Aktivität: Man wartet gemeinsam, oft leidet man auch gemeinsam am Warten. Man friert oder schwitzt, die Glieder schmerzen vom langen Stehen, die unklare Informationslage und der langsame Fortschritt der Schlange frustrieren. Man beginnt Gespräche, manchmal bittet man Menschen, den eigenen Platz zu reservieren – auch wenn es vorwärts geht, um zur Toilette zu gehen oder sich ein warmes Getränk zu holen.[1] Man wird eine Wartegemeinschaft auf Zeit, bis man es zum lang ersehnten Einlass geschafft hat oder entnervt aufgibt. Diese Vergemeinschaftung wird vor allem deutlich, wenn externe Ereignisse eintreten: Wenn es laut knallt oder der Einlass für den heutigen Tag geschlossen wird, wenn vorn eine Ansage gemacht und hinten nicht verstanden wird, beginnt ein reger Austausch mit den Umstehenden über das Ereignis: Was wurde gesagt? Wann ist der nächstmögliche Einlass? Warum hat es geknallt? Man wartet gemeinsam, ohne Kooperation würde das Prinzip Warteschlange nicht funktionieren. Drängelt sich nur eine Person sichtbar vor, ist das gesamte Prinzip des Anstellens infrage gestellt.

Schlangestehen erfordert mehr Kooperation, als in Bus und Bahn das Ein- und Aussteigen zu ermöglichen. Man wartet gemeinsam, bewegt sich miteinander fort. Warteschlangen sind trotzdem leichte Strukturen, sie können sich schnell wieder zerstreuen – spätestens beim Einlass oder wenn die Einrichtung geschlossen wird. Aber sie sind ein guter Einstieg, um über Begegnungen nachzudenken, die Kooperation und gemeinsame Aktivitäten erfordern.

Boule im Park

Während Schlangestehen eine wenig anspruchsvolle Aktivität ist, gibt es im Bereich der Freizeitgestaltung etwas komplexere. Nehmen wir etwa das Spiel Boule oder Boccia. Dieses Spiel ist nicht nur in Frankreich – wo es als Pétanque bekannt ist – beliebt. Mitten in Berlin-Kreuzberg gibt es einen Platz, auf dem sich bei jedem auch nur halbwegs passablen Wetter ältere Männer treffen, um Boule zu spielen. Es scheint, als hätten sie den Spaß ihres Lebens dabei – obwohl sie doch nur Kugeln schieben. Sie necken sich, sie feuern sich an, sie fluchen oder feiern ihren Sieg, und das jeden Abend. Französische Bistros oder Cafés organisieren im Sommer oft ganze Pétanque-Ligen vor ihren Läden, bei denen verschiedene Mannschaften gegeneinander antreten.[2]

Die Aktivität ist dabei fast auswechselbar: Es kann auch Tischtennis sein oder Lachyoga oder Beatboxen oder Skaten – die gemeinsame Aktivität verbindet. Sie lenkt den Fokus der Interaktion.

Schach im Park

Ein weiteres Beispiel führt uns zurück in den Jardin du Luxembourg, den vielseitigen Park am linken Ufer der Seine in Paris. Eine der Aktivitäten, der man hier nachgehen kann, ist Schach. Es stehen mehrere auf Tische aufgemalte Schachbretter inklusive Sitzgelegenheiten bereit. Menschen können sich hier zusammenfinden, um gegeneinander zu spielen. Und es findet regen Anklang: Die Tische sind nicht nur fast immer und bei fast jedem Wetter besetzt, häufig finden sich auch Trauben von Umstehenden, die jeden Zug genauestens verfolgen. Der Fokus ist das

Spiel. Zwei Menschen spielen gegeneinander, Runden geben den Takt vor. Oft wechseln die Spielenden nach einer Runde, Umstehende wechseln ihre Rolle, werden Mitspielende, manche kommen, andere gehen. Die Schachbretter sind in der weltweiten Schach-Community bekannt, selbst Schachmeister finden sich dort zum Spiel ein.[3]

Wie auch bei den verrückbaren Stühlen im Park wird hier nur der Raum angeboten. Ob die Menschen Speed-Schach spielen, eine oder zehn Runden oder den Tisch zum Picknicken nutzen, bleibt ihnen überlassen. Allein die Zweckentfremdung als Esstisch kann zu Protest bei den Schachspielenden führen.

Modus: Gemeinsame Aktivität

Was passiert hier? Menschen engagieren sich in den Begegnungen gemeinsam für etwas. Ihre Begegnung hat ein gemeinsames Ziel, einen gemeinsamen Zweck: Das Ende der Warteschlange erreichen, das Schachspiel genießen, Gärtnern, Sport treiben, Singen oder etwas ganz anderes. Die Aktivität bildet den Fokus der Interaktion, alles drumherum ist sekundär. Und: Bei gemeinsamen Aktivitäten ist man stark auf Kooperation angewiesen. Schach kann man zumindest ohne Computer nicht allein spielen, beim Gärtnern ist es relevant, was auf dem Nebenbeet wächst, Fußball oder Tennis sind ebenfalls kaum allein zu bewältigen und ein soziales Projekt stellt man nicht als Einzelperson auf die Beine. Man braucht einander, und bei ausreichender Motivation ist der gemeinsame Zweck ein starker Antrieb, über Unterschiede in der Herangehensweise hinwegzusehen. Und so kommt man einander nahe, lernt sich kennen – und lernt, Kompromisse zu schließen, andere Herangehensweisen zu akzeptieren, mit ihnen umzugehen, für seine Haltungen einzustehen. Und man kommt in engen Kontakt mit seinen Mitmenschen, tauscht sich sprachlich aus, teilt denselben Raum, erfährt oft auch eine Menge über die Ansichten der Menschen, mit denen man gemeinsam aktiv ist.

Gemeinsam das Gemeinwesen gestalten

So kann ein Gefühl der Zusammengehörigkeit entstehen. Das meint erstmal ein besonderes, positives Verhältnis von Menschen zueinander, eine affektive Bindung, die sich von der Bindung an Personen, die nicht beteiligt oder involviert sind, absetzt.[4] Hergestellt wird es über eine Vielzahl kleiner Mechanismen, die gemeinsame Aktivität steht dabei im Mittelpunkt: das gemeinsame Jubeln beim Sport, die geteilte Freude, wenn man es nach langem Warten ins Museum geschafft hat, das Lob der Mitgärtnernden über sprießende Pflanzen oder das gemeinsame Feiern eines erfolgreichen Projektes. All dies trägt dazu bei, dass man sich den Menschen, mit denen man sich gemeinsam engagiert, verbunden fühlt.

Damit kommen Orte, an denen Menschen sich in einer gemeinsamen Aktivität engagieren, konkret dem nahe, worum es in Demokratien abstrakter geht: Gemeinsam das Gemeinwesen gestalten. Und man erlernt oder aktualisiert in gemeinsamer Aktivität auch einiges, worauf es in Demokratien ankommt: Differenzen erfassen und aushalten, Kompromisse finden und gemeinsam an etwas arbeiten. Robert Putnam zeigt, dass man bei verschiedenen Engagementformen viele Fähigkeiten erlernt, die auch für politische Prozesse notwendig sind: Moderation, Vortragen, Organisieren, Debattieren. Diese Kompetenzen ermöglichen auch eine noch bessere Teilnahme am öffentlichen Leben, ermöglichen es Menschen, sich einzubringen.[5]

Zivilgesellschaft und Ehrenamt

Mit am größten ist das Zusammengehörigkeitsgefühl sicher im Ehrenamt. Menschen kommen freiwillig zusammen, suchen sich Ziel und Zweck selbst aus, und verwirklichen es in ihrer Freizeit – ohne Druck, ohne größere Geldzahlungen. Eine aktive, auf freier Assoziation ihrer Mitglieder basierende Zivilgesellschaft – sie ist typisch für moderne Demokratien.

Zivilgesellschaft, dritter Sektor, Ehrenamt und soziale Bewegungen – die Begriffe, die in dieser Debatte verwendet werden, sind unterschiedlich, oft ähnlich, aber selten deckungsgleich. Mal stärker organisiert, mal eher loser Zusammenschluss, mal sozial orientiert, mal politischer, geht es doch immer darum, dass Menschen sich für das Zusammenleben einsetzen. Mal übernimmt die Zivilgesellschaft Aufgaben, die man eher dem Staat zurechnen würde, mal ist sie innovativ, wo es neue Probleme gibt, oft ist sie unkonventioneller und schneller, als bürokratische staatliche Strukturen es jemals wären, und immer häufiger trägt sie zur politischen Bildung und Meinungsbildung bei. Und sie webt ein feines Netz in der Gesellschaft, das aufmerksam ist für Veränderungen, das Erschütterungen bemerkt, und das schnell einspringt, wo Hilfe nötig ist. Nicht alle werden erreicht, und doch ist die Zivilgesellschaft an vielen Stellen da, wo es Familie oder Staat nicht vermag.

Ehrenamt ist für viele Menschen Alltag

Deutschland hat eine breite und vielfältige Ehrenamtslandschaft. Rund 650.000 zivilgesellschaftliche Organisationen waren 2022 registriert, weit überwiegend eingetragene Vereine.[6] Und die allermeisten von ihnen arbeiten komplett ehrenamtlich, ohne bezahltes Personal und mit wenig finanziellen Mitteln. Man kann sagen: Ehrenamt ist für viele Menschen Alltag. Schaut man auf die Engagierten, so sind das knapp 40 % der über 14-Jährigen – eine beachtliche Zahl.[7] Allerdings sind es eher ältere Menschen, die sich engagieren.[8]

Auch thematisch ist die Landschaft breit: Sportvereine und Kultureinrichtungen wie Chöre und Theater existieren neben Schulfördervereinen, neben Organisationen der Entwicklungszusammenarbeit, neben der Freiwilligen Feuerwehr, neben politischen Netzwerken, neben Berufsverbänden, neben Umweltorganisationen, Karnevalsvereinen, religiösen Organisationen und solchen zum Quartiersmanagement. Oft tragen Organisationen zu mehreren dieser Felder bei: Sie organisieren Sportturniere, sind damit aber zugleich Bildungsträger und sorgen auch für ein Kulturprogramm. Vor allem die Bereiche Bildung, internationale Zusammenarbeit und Umwelt sind im Kommen.

Mit 22 % der Engagierten liegt das Hauptengagement noch immer im Bereich Sport. Dicht gefolgt wird es von Kultur und Medien, worunter etwa Chöre oder Theatergruppen fallen. Das Bildungsengagement, das erst vor kurzer Zeit als Engagementfeld entdeckt wurde, ist mit 17 % der Engagierten das drittgrößte. Es folgen Freizeit und Geselligkeit mit 9 %, Soziale Dienste, Umwelt und Naturschutz, Bevölkerungsschutz und kirchliches Engagement mit jeweils um die fünf Prozent und einige mehr.[9]

Wer engagiert sich?

Die Zivilgesellschaft verändert sich. Die lange hohe Dynamik der Vereinsgründungen hat abgenommen, die ZiviZ-Studie (Zivilgesellschaft in Zahlen) des Stifterverbandes vermutet sogar, dass die Zahl der Vereine insgesamt bald fallen könnte, wenn dieser Trend anhält.[10] Es sind vor allem die besser gebildeten, besserverdienenden, stärker die westdeutschen als die ostdeutschen Menschen, die sich einbringen.[11] Das »unsichtbare Drittel« aus pragmatisch Orientierten oder Enttäuschten, das More in Common zutreffend beschrieben hat, findet im zivilgesellschaftlichen Engagement kaum statt. Ihre Stimmen werden dadurch umso weniger gehört.[12]

Nicht umsonst mahnt die Studie zum Zustand der Zivilgesellschaft des Stifterverbandes, sich um mehr Diversität im Ehrenamt zu kümmern.[13] Und wie erfasst man informelles Engagement wie etwa Nachbarschaftshilfe? Wie fördert man kurzfristige Einsätze, die viele Personen bevorzugen? Wie macht man Vereine fit für die digitale Welt? Und wie schafft man Förderstrukturen, deren Verwaltung nicht mehr Zeit kostet als die Umsetzung der Projekte? Diesen Fragen muss sich – und tut sie schon vielfach – Zivilgesellschaft zunehmend stellen.

Das langsame Sterben der Sportvereine

Vor allem Sportvereine sind große Sorgenkinder: Ihr Anteil am Gesamtengagement geht zurück, sie haben auch die stärksten Nachwuchssorgen in ihrer Vereinsstruktur. Schriftführerin oder Beisitzer wollen immer weniger Menschen sein. Mehr und mehr werden Sportvereine als reine Dienstleister verstanden, ähnlich wie Fitnessstudios.[14] Die Pandemie mit ihren Kontaktbeschränkungen hat nicht geholfen.[15] Das korrespondiert mit dem beschriebenen Anstieg der Mitgliedschaften in Fitnessstudios: Man trainiert eher woanders, flexibler und wo der Sport nicht noch Vereinssitzungen nach sich zieht. Sportvereine sind auf dem Land verbreiteter als in städtischen Gegenden, wo es größere Auswahl bei den Fitnessstudios gibt.

Dabei sind es gerade Sportvereine, die wichtige Infrastrukturen für unser gesellschaftliches Miteinander bieten: Ihr Zugang ist niedrigschwellig, die Mitgliedsbeiträge gering und sie haben oft ein attraktives Angebot: Betreuung der Kinder und Erwachsenen, Sport, Lernen von Kooperation, potenziell Freundschaften, mindestens aber ein soziales Netz im Nahumfeld. Damit bieten sie einiges, was in den 2020ern von vielen ersehnt wird: Bewegung, Freundschaft, Erfolgserlebnisse und die Möglichkeit für die Eltern, Vollzeit zu arbeiten und ihre Kinder sinnvoll beschäftigt zu wissen.

Das soziale Geflecht von Sportvereinen bildet auch einen Schutz gegen Einsamkeit, und wenn es in einer Familie nicht gut läuft, können einen die Vereinskolleg:innen auffangen und zur Not relevante Stellen hinzuziehen. Ein Kulturprogramm gibt es oft obendrauf. Und doch scheinen sie aus der Mode zu kommen. Ob es – wie es ZeitOnline tat – genügt, Menschen nur dazu aufzurufen, Sportvereinen beizutreten, um die Demokratie zu stützen, ist unklar.[16] Es stimmt natürlich: Die Vereinigungsfreiheit ist eines der wichtigsten Rechte in unserer Demokratie, sie hält sie innovativ und stellt ein Korrektiv dar. Es ist aber eben eine Freiheit und kein Vereinigungszwang, wie ihn autoritäre Staaten kennen. Die Interessen der Bevölkerung verändern sich – hin zu flexiblem Training ohne große Verpflichtungen. Sportvereine versuchen teilweise hier gegenzusteuern und ihr Angebot neu auszurichten. Ob das hilft, wird man sehen.

Das korrespondiert mit Veränderungen in der Engagementlandschaft: Weniger Mitgliedschaft und dauerhafte Betätigung, mehr anlass- und projektbezogenes Mitmachen.[17] Auch das passt zum mobileren, weniger ortsgebundenen Lebensstil jüngerer Generationen, es lässt sich mit entgrenzteren Arbeitsverhältnissen besser vereinbaren. Aber es verändert eben auch etwas: Mehr flüchtige Bindungen entstehen, aber sie bestehen nicht mehr über Jahre.

Religiöse Begegnungen

Kirchen und Religionsgemeinschaften gehören neben Parteien und Gewerkschaften zu den Organisationen, in denen lange Zeit viele Menschen Mitglied waren. Doch die beiden großen christlichen Kirchen in Deutschland haben in den letzten Jahrzehnten massiv an Mitgliedern verloren. Das wird auch nicht durch die Mitgliedschaft in anderen religiösen Gemeinschaften wettgemacht.

Die Zahlen sprechen für sich: Machten Katholik:innen 1950 noch fast die Hälfte der Bevölkerung aus, sind es 2022 kaum mehr 25 %. Bei den Protestant:innen sieht es ähnlich aus. Einzig der Anteil muslimischer Gläubiger an der Bevölkerung nimmt langsam zu. Ausgleichen kann diese Zunahme die Verluste bei den christlichen Kirchen jedoch nicht.[18]

Und auch die Beteiligung an religiösen Aktivitäten wie dem regelmäßigen Kirchgang ist stark rückläufig: 1952 gingen noch zwei Drittel regelmäßig zum Gottesdienst, 2006 kein Fünftel mehr.[19] Die häufigsten Amtshandlungen evangelischer Geistlicher sind heute etwa Beerdigungen.[20]

Religiöse Stätten sind kaum noch Begegnungsort

Alles nicht so schlimm, Menschen sind eben weniger religiös? Ja, schon. Aber Kirchen sind eben wichtige Organisationen vor Ort, die vieles bieten: Neben Gottesdiensten vor allem Seelsorge, die Versorgung Bedürftiger, Engagement für Demokratie, Raum für Engagierte, Vernetzung im Ort und vieles mehr. Die Vesperkirchen in Baden-Württemberg öffnen zum Beispiel in der kalten Jahreszeit die Türen für Arme und Bedürftige und versorgen sie mit Essen und (menschlicher) Wärme.[21] Wenn Kirchen schließen, fallen wichtige Begegnungsorte weg – und Anlaufstellen, Fixpunkte für gemeinsames Engagement. Cafés oder Buchläden, die in ehemaligen Kirchen eröffnet werden, können das kaum ersetzen. Kirchen sind oft die ersten, die bei Protesten für Demokratie dabei sind, die Räume zur Verfügung stellen, um Feste vorzubereiten, die Nothilfe leisten. Dabei verfügen sie mit Kirchen und Gemeindehäusern meist über robuste bauliche Infrastrukturen, die auf vielfältige Weise nutzbar sind – ein großer Vorteil.

Dass Kirchengemeinden eine wichtige Rolle für ihr Umfeld einnehmen, zeigt auch Eric Klinenberg für die USA. Er hatte sich gefragt, warum manche Gemeinden bei ähnlichen Voraussetzungen besser auf Krisen reagieren können als andere. Am Beispiel eines verheerenden Hurricanes in Houston zeigt er, wie eine Gemeinschaft sich gegenseitig hilft, sowohl während des Sturms selbst wie auch beim Wiederaufbau danach. Die Gemeinde sammelte etwa Kleidung und Alltagsgegenstände, die durch den Sturm verlorengegangen oder unbrauchbar geworden waren. Auch gemeinsame Hilfe bei den Aufräumarbeiten und beim Wiederaufbau der Häuser wurde organisiert.[22] Es ist genau diese Hilfe vor Ort, die fehlt, wenn Kirchengemeinden erst vergreisen und dann kleiner werden. Kirchen sind so viel mehr als nur geistliche Services, mehr als beten und beichten. Sie organisieren ihre Gemeinde, sie bilden ein soziales Netz aus, das nicht nur bei geistlichen Notfällen hilft.

Urban Gardening als neue Form von Engagement

Wo Altes wegfällt, entsteht Neues. Schauen wir uns ein neueres Engagement an, das vor allem auf Ehrenamt aufbaut. Eher ein städtisches Phänomen, nicht nur vom Namen her, ist Urban Gardening. Und es steht vielleicht paradigmatisch für neuere Engagementformen: Vor Ort, projektbezogen, mit sichtbarem Ergebnis und nicht unbedingt als eingetragener Verein organisiert. Das Prinzip? Es wird gemeinsam gegärtnert. Oft kann man sich für einzelne Beete oder Grünanlagen verantwortlich erklären und bewirtschaftet diese dann für eine gewisse Zeit, zum Beispiel ein Jahr. Das Publikum ist jünger als der Durchschnitt der Ehrenamtlichen, die Projekte haben auch sehr unterschiedliche Formen – vom Verein mit klaren Hierarchien bis zu losen Kollektiven ist alles dabei.[23]

Darüber hinaus gibt es gemeinschaftliche Veranstaltungen: Wer pflegt den Geräteschuppen, wer die gemeinsame Wiese? Gemeinsame Frühjahrsaktionen, Pflanzschulungen und Feste ergänzen das Angebot. Und im Gegensatz zur Schrebergartenparzelle trennt eben kein Zaun die Grundstücke, ist nicht alles vorher in einer Satzung geregelt, sondern häufig Aushandlungssache, ob in Vereinsform oder im basisdemokratischen Plenum. Das gemeinsame Gärtnern verbindet: Man kann sich über das Wetter austauschen, das unmittelbar Einfluss auf die Beete hat, über Pflanzenarten, über das etwas ungepflegte Nachbarbeet oder planen, wie man im nächsten Jahr seine Anlage begrünen möchte. Man tauscht Tipps aus, lernt voneinander und erfreut sich bei einer Spezi an einem lauen Sommerabend am Ergebnis seiner gärtnerischen Tätigkeit.

Menschen stärken Menschen

Die Interessen der Menschen verändern sich, da lässt sich wenig machen, könnte man nun sagen. Und es stimmt: Das sollte man auch nicht. Aber man kann Begegnungen fördern. Ein Beispiel, wie vielfältige gemeinsame Aktivitäten gestaltet und gefördert werden, ist das Programm »Chancenpatenschaften« des Bundesfamilienministeriums. Es fördert Eins-zu-Eins-Patenschaften von Menschen mit Kindern und Jugendlichen mit Fluchtgeschichte oder Benachteiligungen, die einer selbstgewählten Aktivität nachgehen. Das soll jungen Menschen Starthilfe geben im Leben, ihnen bei Problemen helfen, sie sozial stärker integrieren.

Verschiedene Organisationen bieten Patenschaften an. Eine von ihnen ist die Stiftung Bildung, die vor allem über die Schul- und Kitafördervereine in Deutschland in die Gesellschaft wirkt. Sie stiftet Patenschaften zwischen jungen Menschen, die ein wenig Geld für ihre Aktivitäten bekommen. Gemeinsam lesen geht genauso wie ein Zoobesuch, Gitarre lernen oder einen Film drehen. Die Ideen entstehen vor Ort, ermöglicht durch einen kleinen, flexibel ausgebbaren Geldbetrag.[24] Damit ist das Programm »Menschen stärken Menschen«, wie es offiziell heißt, ein gutes Beispiel dafür, wie der Staat die Zivilgesellschaft unterstützt, ohne mit zu starken thematischen Vorgaben am Engagement vorbeizufördern.

Die staatliche Förderung der Zivilgesellschaft wird immer wieder kritisiert.[25] So werden nur staatliche Aufgaben preisgünstiger erledigt, sagen die einen. Andere sehen den Staat im Verdacht, vor allem ihm genehme Organisationen zu fördern. Fakt ist: Ehrenamt braucht Hauptamt, um seinen Tätigkeiten nachgehen zu können. Das kann eine Unterstützung bei der Antragsstellung und Buchhaltung sein, das können Weiterbildungen sein oder bei größeren Organisationen jemand, der die Geschäfte führt. Es ist ein schwieriges Gleichgewicht, eine Zivilgesellschaft in ihren innovativen Ideen zu fördern und ihr mit Vorgaben und bürokratischen Modalitäten nicht jegliche Luft zum Atmen zu rauben. Aber eine nur auf Wohltätigkeit Besserverdienender, auf Philanthropie großer Stiftungen oder Kleinspenden setzende Zivilgesellschaft wäre nie in der Lage, so eine Breite an Aktivitäten zu entfalten, wie es der dritte Sektor in Deutschland tut. Was es braucht, sind unbürokratische Förderungen, die keine starken Zwecke vorgeben – wie eben das Programm »Menschen stärken Menschen«. Und es braucht einen Staat, der Zivilgesellschaft nicht als Ausführer eigener

Ziele versteht, sondern als ernstzunehmenden Partner in der Gestaltung des Gemeinwesens.

Volkshochschulen als Orte des gemeinsamen Lernens

Kommen wir vom Ehrenamt noch einmal zu Lernsituationen. Volkshochschulen sind eine der Institutionen, die es beinahe flächendeckend in Deutschland gibt und die für die Bevölkerung offenstehen. Vom Nähkurs über den Sprachkurs über Deutsch-als-Fremdsprache-Kurse, Alphabetisierung, Theater oder Literatur, Ernährungsberatung, New Work bis zur Politischen Bildung gibt es hier alles, zugeschnitten auf die regionalen Bedürfnisse. In den meisten Kursen erlernt man gemeinsam etwas. Im Gegensatz zur Politischen Bildung steht beim Sprachkurs, beim Töpfern, Tai-Chi oder beim Pilzseminar das gemeinsame Tun im Mittelpunkt. Man lernt gemeinsam, auch indem man Dinge zusammen ausprobiert. Das kann durch Gruppenarbeiten sein, durch gemeinsame Projekte oder die Diskussion im Kursraum. Oft steht am Ende ein Ergebnis: eine getöpferte Tasse, ein eingeübter Bewegungsablauf, ein Pilzragout oder ein Theaterstück.

Nach schwierigen Jahren während der Coronapandemie sind Volkshochschulen heute wieder gut besucht.[26] Und das ist auch gut so, denn es braucht breit verfügbare Orte, an denen man Sprachen lernen, Schulabschlüsse nachholen, Hobbies vertiefen oder neue entdecken oder sich in verschiedenen Richtungen weiterbilden kann. Volkshochschulen sichern Teilhabe – durch niedrige Zugangsschwellen, aber auch durch Kompetenzvermittlung in vielen Bereichen, die für das Leben im 21. Jahrhundert wichtig sind. Und ganz nebenbei bringen sie Menschen zusammen, die sonst nicht zusammenkommen würden. Sie treffen sich häufig mehrmals, viele Kurse werden wöchentlich angeboten. Alles, was die Teilnehmenden verbindet, ist, dass sie im Einzugsgebiet der VHS leben (oder mindestens in der Nähe davon) und dass sie sich für ein Thema, einen Kurs oder einen Bereich interessieren. Das gemeinsame Interesse lässt Differenzen erst einmal nachrangig erscheinen. Anhänger der Linken und der CDU, die sonst nie miteinander sprechen würden, finden über das Töpfern zusammen. Atomkraftfans und Windkraftbefürworter:innen kommen ins Gespräch und finden sich plötzlich nicht mehr so schrecklich, wie sie annahmen. Gemeinsame Hobbies und Interessen verbinden – und sie brauchen eine Infrastruktur, um stattfinden zu können.

Und die Arbeitsstelle

Ein paar Worte noch zur Arbeitsstelle: Natürlich müssen auch hier gemeinsam Aufgaben bewältigt, gemeinsam Probleme gelöst werden. Das nimmt für die meisten Menschen einen Großteil ihrer wachen Lebenszeit ein. Im Gegensatz zum Ehrenamt oder zum Hobby ist das aber nur zum Teil selbstbestimmt, die Gestaltungsmacht eingeschränkter. Und doch prägt die Zusammenarbeit im Rahmen der Lohnarbeit das Leben von vielen Menschen.

Natürlich: Es gibt viele Hindernisse, Kolleg:innen arbeiten selten, wie man es sich vorstellt, und gut funktionierende Organisationsprozesse gibt es häufiger auf dem Papier als in der Realität. Kommunikation ist immer ein Problem: Warum versteht meine Chefin immer etwas anderes, als ich meine? Was will mir die IT-Abteilung mit der neuen Anleitung sagen? Die Konsensfiktion, sie gerät schnell an Grenzen, wenn es um die gemeinsame Lösung von Aufgaben geht.

Aber trotzdem arbeitet man zusammen, trotzdem funktionieren viele Organisationen recht gut. Und am Ende hat man einen neuen Bohrer entworfen, hergestellt und verkauft, hat man gemeinsam eine Veranstaltung organisiert oder ein Stadtteilzentrum eröffnet. Das Erfolgserlebnis ist groß, vor allem wenn man Ergebnisse sieht – und man hat es gemeinsam erreicht.

Und selbst wenn nicht immer alles gelingt: Das Gesetz des Wiedersehens führt dazu, dass man sich zumeist doch bemüht. Morgen könnte man auf diesen Kollegen oder jene Kollegin angewiesen sein, also ist man lieber nett zu der Person. Auch im gemeinsamen Versuch, Arbeitsergebnisse zu erzeugen, lernt man die Diversität der Gesellschaft kennen, in der man lebt.

Gemeinsam Gesellschaft gestalten

Ein gemeinsames Ziel, ein gemeinsames Interesse, eine zusammen unternommene Aktivität – es gibt weniges, das Menschen eher und nachhaltiger zusammenbringt. Gemeinsames Tun geht schon bei relativ einfachen Situationen wie dem Schlangestehen los. Es geht weiter über Freizeitaktivitäten wie Sport und Spiel bis hin zu komplexen Aufgaben etwa in Vereinen, die Managementtätigkeiten, Anleitung von Aktivitäten, Verhandlung und Organisation beinhalten können. Unterschiede zwischen den Beteiligten sind dabei erst einmal egal, man möchte ja etwas gemeinsam erkunden oder erreichen. Gemeinsame Aktivitäten schaffen tiefergehende Bindungen zwischen denen, die sie zusammen unternehmen, ein Gefühl der Zusammengehörigkeit zwischen ihnen. Sie sind damit ein wichtiger Kitt für unsere Gesellschaft. Und dabei erfahren wir ganz nebenbei viel über unser Gegenüber. Hier kommt also alles zusammen: Gemeinsame Aktivitäten ermöglichen, dass man einander wahrnimmt, man spricht häufig miteinander, trifft meist dieselben Leute mehrmals wieder und arbeitet zusätzlich noch an einem gemeinsamen Ziel.

Doch die Orte, an denen man dies tut, verändern sich. Dass Großorganisationen wie Kirchen ebenso an Mitgliedern verlieren wie Sportvereine, sollte zu denken geben. Die Infrastrukturen der Demokratie verschwinden schneller, als Neues nachwächst. Neues entsteht, beispielsweise Urban Gardening, Begegnungsprojekte, Geflüchteteninitiativen. Aber das Neue, es ist oft flüchtiger, weil keine Infrastrukturen im Hintergrund stehen. Denn es braucht oft Räume, in denen etwas entsteht: Kirchen stellen sich auf die Bedürfnisse der Gemeinde ein, Gewerkschaften auf die der Mitglieder, Parteien auf die der Wähler:innen und das Begegnungszentrum im Stadtteil verteilt je nach Bedarf Kleidung oder Nahrung, bietet Deutsch- oder Computerkurse an. Fehlen solche Infrastrukturen, ist man stärker von Themenkonjunkturen abhängig. Akute gesellschaftliche Themen bekommen so viel Aufmerksamkeit, strukturelle weniger.

Aber geht das nicht alles digital, jetzt, wo viele Menschen digitale Kompetenzen haben und die digitalen Infrastrukturen leicht verfügbar sind? Ja, aber es ist eben nicht dasselbe. Darum geht es im nächsten Kapitel.

8. Digitale Begegnung und Demokratie – die Zukunft?

Digitale Kommunikation ist für die meisten Menschen omnipräsent. Wir chatten über WhatsApp, machen einen Videocall über Facetime, informieren oder streiten uns auf Twitter, teilen unsere beruflichen Erfolge auf LinkedIn, chatten mit Schulfreund:innen über Facebook, sprechen Arbeitsaufgaben über Slack oder Microsoft Teams ab und ChatGPT hilft beim Verfassen eines lästigen Behördenbriefes. Verabredungen müssen nicht mehr so genau sein wie noch vor 20 Jahren, wir können die genaue Zeit, den genauen Ort ja kurz vorher festlegen. Viele Arbeitsbesprechungen müssen nicht mehr in Präsenz stattfinden, oft genügt eine Videokonferenz. Digitale Technologien sind tief in unseren Alltag eingedrungen. Sie bestimmen unser Leben und unsere Sicht auf die Welt mit.

Die Zoom-Revolution

Vor allem Videotelefonate und -konferenzen sind spätestens während der Coronapandemie Alltag geworden. Fragt man sich, ob digitale Technologien analoge Begegnungen ersetzen können, ist man schnell bei diesen Technologien. Sie kommen dem, was ich als Begegnung beschrieben habe, am nächsten. Klar, manchmal ruckeln sie noch, aber die dahinterliegende Technik wird immer besser darin, auch das abzufedern. Zoom, Teams oder Webex sind für viele Menschen Alltag geworden, beruflich, ehrenamtlich, privat. Die meisten Messenger-Apps verfügen ebenfalls über Videofunktionen, zum Teil auch für größere Gruppen. Ein Videotelefonat zu starten ist unkompliziert geworden.

Die Anwendung ist denkbar einfach: Man ruft entweder Menschen direkt an oder klickt auf einen Link für eine Videokonferenz. Schon sieht man einen Ausschnitt des anderen, meist Gesicht und Hals, in Nahaufnahme. Oft sieht man auch ein wenig vom Hintergrund. Während der Coronalockdowns hat man eine ganze Menge über die Einrichtungen von Personen des öffentlichen Lebens gelernt in digitalen Veranstaltungen, manche aufgeräumt und fein kuratiert, andere unordentlich wie in einer Rumpelkammer. Das hereingezoomtwerden in das Wohn- oder Arbeitszimmer von anderen, es schafft ungewohnte Intimität.

So präsent die Inneneinrichtung häufig ist (man kann sie auch ausblenden), so wenig bekommt man von den sonstigen Umständen mit. Trägt die Person Jogging- oder Anzughose? Sitzen spielende Kinder am Boden? Ist sie allein im Zimmer? Auch Mimik und Gestik sind nur teilweise zu erkennen. Die kleinen, feinen Mimiken, die unser Zuhören und Sprechen begleiten, werden häufig nur unzureichend übertragen. Hinzu kommt: Selbst bei schneller Internetleitung gibt es eine kleine Verzögerung, die intuitive Zuordnung der erkennbaren Mimik funktioniert nicht reibungslos. Hat sich ihre Augenbraue kurz gehoben? Hat sein Mund sich verzogen? Wenn ja, zu welcher Bemerkung? All das ist schwerer zu erkennen, es erfordert viel Aufmerksamkeit, es zu interpretieren.

Fast kein Zufall

Viele der im Buch beschriebenen analogen Begegnungen funktionieren darüber, dass nicht von vornherein klar ist, wen man trifft. Der Zufall spielt dabei eine große Rolle. Das tut er bei digitalen Begegnungen nur sehr begrenzt. Wir begegnen zum einen digital meist nur Menschen, die wir auch treffen wollen. Das können Freund:innen oder Kolleg:innen sein, gemeinsam Engagierte oder entfernte Bekannte: Wir sind zum Call verabredet, wir rufen einander an. Formate, in denen wir gänzlich Unbekannten begegnen, sind wenig verbreitet. Natürlich: Im Webinar einer großen Stiftung sehen wir auch Menschen, die wir nicht kennen – aber eben nur digital vermittelt. Weit verbreitet sind sie aber nicht. Wir wissen meistens, auf wen wir uns einzustellen haben.

Es gibt sie aber: Digitale Begegnungen, die dezidiert darauf angelegt sind, Unbekannte zu treffen. Ein gutes Beispiel sind Dating-Apps. Man gibt seine besten Eigenschaften an, lädt seine schönsten Fotos hoch, manchmal beantwortet man ein paar Fragen zu Präferenzen, Hobbys, Sternzeichen. Der Algorithmus sucht und verbindet (»matcht«) mit potenziell passenden anderen Personen, manchmal darf man noch selbst mittun und nach links (dislike) oder rechts (like) wischen, um die Personen vorauszuwählen. Finden sich zwei, ist es ein Match, vorsortiert durch Programme.

Die genaue Funktionsweise dieser Algorithmen liegt oft im Dunkeln. Klar ist, sie sortieren nach Passung. Beide segeln gern und sind bei anderen paarungswilligen Singles beliebt? It's a match! Was kurz kommt, ist die Irritation, das wirklich Zufällige. Dass der Chefarzt eine Krankenschwester matcht, ist unwahrscheinlicher, als dass sie sich im Krankenhaus treffen. Natürlich sind Dating-Apps auch voller überraschender Begegnungen. Die Programme dahinter legen es aber erst einmal nicht darauf an, sondern eben auf Passung, auf Homophilie. In der App OkCupid etwa kann man das anhand eines Prozentwertes der Übereinstimmung ablesen – und Menschen ausblenden, die einen bestimmten Wert unterschreiten. Wer zu wenig passt, erscheint gar nicht erst auf dem Radar.

Digitale Begegnungen sind stärker inszeniert als analoge. Welche Fotos man auf sein Dating-Profil stellt, wie der Kamerawinkel der Webcam ist und welches Bild man hinter sich hängt, das kann man frei entscheiden. Und ähnlich wie bei Bewerbungsfotos – und mindestens Dating-Apps haben ja etwas von einer Bewerbung – sind sie ausgewählt. Ein Spiegelselfie findet sich neben einem Urlaubsbild neben einem Bild mit Menschen. Die Nachricht? Ich kann süß schauen, bin weltgewandt, habe Freund:innen. Ein pfiffiger Text ergänzt das Ganze. Die ausgewählten Bilder und die eigene Umgebung werden somit zur Nachricht. Sie fragt nicht »Wie sieht jemand aus?«, sondern »Wie will sich jemand darstellen?« und »Welches Selbstbild hat die Person?«. Am Ende des erfolgreichen Online-Datings steht meistens ein analoges Treffen, eine Begegnung zum Spaziergang, auf einen Wein, ein Essen oder zum gemeinsamen Sport treiben.

Online-Communities

Es gibt aber auch digitale Begegnungen, die analogen recht nah kommen. Eine davon sind Watch-Partys, eine Funktion, die bei einigen Streaming-Anbietern integriert ist. Das Prinzip ist simpel: Man schaut gemeinsam eine TV-Sendung oder einen Film und ist zusätzlich per Videochat zusammengeschaltet. Das TV-Signal wird synchronisiert, damit man gleichzeitig dasselbe sieht und an den richtigen oder falschen Stellen lacht, am besten gemeinsam. Es fühlt sich also an wie ein Fernsehabend mit Freund:innen zuhause – nur auf unterschiedlichen Couches. Pizza oder Chips muss man sich jeweils separat besorgen.

Auch Online-Gaming-Communities schalten sich oft zusammen, auf ganz verschiedene Weisen. Manche Profispieler:innen streamen sich während des Spielens, andere schalten sich zusammen, wenn sie mit- oder gegeneinander im selben Spiel antreten. Man sieht den Spielverlauf, aber man sieht sich auch gegenseitig, hört sich fluchen oder jubeln, kann die Spielzüge der anderen kommentieren, kann aber auch über die letzte Mahlzeit sprechen, die Partnerschaft, das Wetter, Politik, Hobbys, was auch immer sich anbietet. Durch das Spiel gibt es einen gemeinsamen Fokus, eine gemeinsame Aktivität, auf die sich aufbauen lässt.

Diese Welten setzen jedoch eine hohe Digitalkompetenz voraus und eine hohe Motivation, Dinge virtuell anstatt analog zu erledigen. Warum eine Watchparty, wenn man auch gemeinsam auf der Couch fernsehen kann? Sie haben sicher Vorteile und können helfen, geographische Distanzen zu überbrücken. Ein großes Publikum haben sie aber bisher nicht. Und Versuche, eine zweite, digitale Realität zu bauen, etwa das Metaverse des Facebook-Mutterkonzerns, stecken bisher noch in den Kinderschuhen, ebenso wie Virtual-Reality-Brillen für die breite Masse.

Digitale Kompetenzen, aber digital divide

Wenn wir fragen, ob digitale Medien analoge Begegnungen ersetzen können, müssen wir auch fragen, wer digitale Medien nutzt beziehungsweise nutzen kann. Zweifellos: Die Digitalkompetenz vieler Menschen ist während der Coronapandemie immens gewachsen. Aber: Digitale Kompetenzen sind ungleich verteilt. Man spricht hier von einem digital divide, also einer digitalen Spaltung. Nicht sehr überraschend sind es vor allem Ältere, denen Anwendungskenntnisse fehlen. Aber auch der Bildungsstand und die Art der beruflichen Tätigkeit haben einen großen Einfluss auf die Digitalkompetenzen von Menschen: Formal höher Gebildete und Büroarbeiter:innen sind oft digital befähigter als Handwerker:innen und Menschen mit niedriger Bildung. Frauen wissen sich statistisch gesehen digital weniger zu helfen als Männer.[1] Die gute Nachricht: Chatten und einfache Informationen im Internet finden können vier Fünftel der Bevölkerung, selbst viele Ältere.[2] Wie sich dies durch die rasanten Fortschritte im Bereich (generativer) künstlicher Intelligenz entwickelt wird, ist derzeit offen.

Digitale Informationen verstehen und einordnen

Aber technische Geräte bedienen zu können, ist noch nicht alles. Um die Informationen zu verstehen, die auf uns einprasseln, ist Medienkompetenz gefragt. Man muss einschätzen, wie glaubwürdig eine Quelle ist. Gerade, wenn Informationen nicht mehr vorwiegend durch Medien mit einordnender, vorsortierender Redaktion, nicht nur durch die Tageszeitung am Frühstückstisch, sondern ungefiltert und permanent konsumiert werden können, gewinnt die Medienkompetenz der Einzelnen an Bedeutung.

Eine Studie aus dem Jahr 2021 hat diese getestet – und kommt zu erschreckenden Ergebnissen: Nicht einmal die Hälfte der Befragten konnte Information, Desinformation, Werbung und Meinung jeweils richtig einordnen. Aber anstatt sich auf journalistische Quellen zu verlassen, zweifelt mindestens ein Viertel der Deutschen an der Zuverlässigkeit von Medien. Neben den bereits erwähnten Faktoren wie Alter und Bildung spielt auch die Haltung zur Demokratie eine Rolle: Je stärker man an die Demokratie glaubt, desto höher die Nachrichten- und Informationskompetenz. Viele Menschen sind nicht fit für das Leben in einer digitalisierten Welt und die Kompetenzen halten nicht Schritt mit immer neuen technischen Entwicklungen.[3]

Soziale Medien und Demokratie

Medienkompetenz wird vor allem mit Blick auf die schnelllebigen sozialen Medien relevant – auch für unsere Demokratie. Ständig sind wir erreichbar für unsere Kontakte, aber auch über zahlreiche Gruppen in Messenger-Apps. Telegram-Gruppen sind für einige zu wichtigen Informationsquellen geworden, Twitter und Co. verbreiten Meldungen schneller, als es das schnellste Nachrichtenportal könnte. Kurze Meldungen ersetzen häufig die Einordnung. Soziale Medien verändern nicht nur die Art, wie wir kommunizieren, sondern auch unser Bild von

Welt und das unserer Mitmenschen. Und dieses Bild ist ein anderes als das, das in analogen Begegnungen entsteht.

Es ist flüchtiger, basiert auf weniger Eindrücken und verkürzten Informationen. Das Bild wird auch durch Desinformationen verzerrt. Es ist digital mit relativ wenig Aufwand möglich, Kampagnen durchzuführen, die durch falsche oder verwirrende Informationen die Realität verzerren. Das können völlig falsche Informationen sein, ein erfundenes Unglück etwa, oftmals sind es aber aus dem Kontext gerissene, falsch dargestellte reale Ereignisse. Desinformation spielt mit der Realität, stellt vermeintlich alternative Fakten zur Verfügung. Sie verwirrt unseren Realitätssinn: Ja, natürlich ist eine Virenerkrankung potenziell gefährlich, aber ist sie es *wirklich*? Natürlich gibt es in Deutschland wenig Korruption in der Politik, aber stimmt das so? Man hat doch dies oder jenes gelesen, man weiß es nicht so genau – und ist skeptisch.

Bei den US-Wahlen 2016 gab es etwa eine Kampagne, die dazu führte, dass Minderheiten vom Wählen abgehalten wurden. Sie stimmten vorher mehrheitlich für die Demokraten. Ähnliche Kampagnen werden für den Brexit vermutet. Beides wurde unter dem Stichwort »Cambridge Analytica«, dem Namen einer dabei zentralen Firma, aufgearbeitet.[4] Sicher ist: Soziale Medien waren dabei zentral.

Während ein Großteil der Menschen in Deutschland Desinformation für eine Gefahr hält, sieht sich nicht einmal die Hälfte in der Lage, diese zu erkennen.[5] Was vielleicht für die Demokratie aber auch für den Alltag am schlimmsten ist: Durch fehlende Medienkompetenz fällt es vielen Menschen schwer, Quellen zu überprüfen. Im Gegensatz zu analogen Begegnungen können sie sich nicht darauf verlassen, die Informationsquelle richtig zu lesen. Mimik und Gestik stehen ihnen nicht zur Verfügung, oft besteht auch keine belastbare Beziehung zur Quelle von Nachrichten.

Von Filterblasen und Echokammern

Führt die Nutzung sozialer Medien dazu, dass man sich in Filterblasen nur gegenseitig bestätigt, nur noch unter seinesgleichen kommuniziert und auch deswegen die eigene Weltsicht für überlegen hält? Die These der Filterblasen ist umstritten. Eine Studie aus den USA etwa legt nahe, dass Menschen selbst die Filterblase erzeugen, indem sie Nachrichten auswählen, die ihren Überzeugungen entsprechen, die aber von keinem

Algorithmus besonders bevorzugt wurden.[6] Eine ähnliche Studie, diesmal anhand von Plattformen des Meta-Konzerns (Facebook, Instagram) kommt zu ähnlichen Ergebnissen.[7] Und soziale Medien funktionieren unterschiedlich: Wird auf Instagram das Schöne gefeiert, geht es um Facebook stärker um Lokales, um Hobbys und das Wiederfinden etwa der Schulfreundin. Auf Twitter finden dagegen politische Debatten statt, die Nutzer:innen versuchen permanent, den politischen Gegner argumentativ oder humoristisch zu widerlegen. Der frechste Spruch gewinnt – zumindest Likes und Reichweite. Auch die Algorithmen funktionieren unterschiedlich: Sie versuchen uns Inhalte zu präsentieren, die wir mögen könnten – anhand unserer bisherigen Aktivitäten im Netz (und manchmal darüber hinaus). Manche mischen jedoch bewusst Inhalte hinein, die uns vermeintlich nicht entsprechen – und halten uns so länger auf der Plattform. Die Filterblasenthese scheint sich also nicht zu bestätigen, zumal wir auch in unserem analogen Alltagsleben viele Interaktionen mit Menschen haben, die uns ähnlich sind. Unsere Freund:innen wählen wir aus, unser Arbeitsumfeld besteht häufig aus ähnlichen Menschen. Aber hier spielt der Zufall eben eine viel größere Rolle, als es digital möglich ist.

Sind die digitalen Plattformen also wirklich das Problem? Die Journalismusforscherin Alexandra Borchardt sieht eine ganz andere Herausforderung: Soziale Medien verstärken laute Stimmen und extremere Botschaften, während mittlere Positionen und leise Stimmen kaum wahrgenommen werden.[8] Das Problem ist dann nicht die eigene Polarisierung, sondern welches Bild von Gesellschaft soziale Medien verbreiten. Es ist oft eins, dass das Andere, das die Anderen abwertet. Das haben auch die Studien zu Zusammenhalt und Polarisierung gezeigt: Die Menschen glauben, Deutschland sei polarisierter, als es wirklich ist. Und sie haben – Stichwort Vertrauensfrage – ein wesentlich negativeres Bild von ihren Mitmenschen, als angemessen wäre. Dieses Bild entsteht auch in den sozialen Medien mit und wird dort verstärkt.

Würde der Einfluss sozialer Medien hier enden, könnte man es für ein begrenztes Phänomen halten. Menschen informieren sich eben anders, tauschen sich aus – ausgewogene Informationen holen sie sich dann aber in etablierten, also journalistischen Medien. Aber Journalist:innen sind auch nur Menschen, die soziale Medien konsumieren – und sowohl dort senden, also Inhalte teilen, als auch von dort Informationen aufnehmen. Eine Folge ist, dass das polarisierte Gesellschaftsbild der sozialen Medien sich auch in journalistischen Medien wiederfindet, etwa in Form des sogenannten false balancing, also der ungleichen Balance. Das beschreibt, dass bestimmte Positionen stärker medial, etwa in Talkshows, vertreten sind, als sie in der Gesellschaft vorhanden sind. Man will ein vermeintlich ausgewogenes Bild der Gesellschaft darstellen, darum werden laute Minderheiten so neben Mehrheitspositionen gesetzt, als wären es ebenso starke Meinungen.

In den allabendlichen Politik-Talkshows finden sich unzählige Beispiele. Während ein Großteil der Deutschen das Grundrecht auf Asyl richtig findet, um Menschen vor Verfolgung zu schützen, sitzen in Talkshows häufig Personen, die es einschränken wollen. Und mit der Zeit verschiebt sich das Bild in der Gesellschaft, Zuschauer:innen fangen an zu glauben, Geflüchtete würden zahlreich Menschenrechte ausnutzen. Es muss doch was dran sein, wenn es allabendlich gesendet wird, in seriösen, journalistischen Medien. So verschieben sich Positionen, Randmeinungen dringen in die Mitte der Gesellschaft vor.

Und natürlich: Es verkauft sich besser, wenn dort lautstark gestritten wird, wenn am nächsten Tag die stärksten Zitate tausendfach in sozialen Netzwerken geteilt werden, wenn manchmal sogar ein kleiner Skandal entsteht. Aber so verändert sich Stück für Stück, Tweet für Tweet das Bild, das wir von Gesellschaft haben.

Digitale Demokratie?

Und digitale Demokratie? Etwas Ältere werden sich noch an sie erinnern: Die Piratenpartei war angetreten, Politik zu revolutionieren. Im Zentrum stand dabei eine neue Form der Abstimmung von Positionen über eine Software namens Liquid Democracy. Die besten Tage hat die Partei wohl lange hinter sich, die Software gibt es noch immer.

Einer, der eine Variante des Programms nutzt, ist der gleichnamige Verein Liquid Democracy. Dieser geht auf den Grundgedanken zurück, demokratische Prozesse zugänglicher zu gestalten. Die Anwesenheit bei ewig vielen, quälend langen Sitzungen soll ersetzt werden durch digitale Zugänglichkeit.

Die Software hat heute andere Namen, adhocracy+[9] oder Consul wie beim Projekt des Vereins Mehr Demokratie. Auch hier geht es um die digitale Unterstützung von Beteiligungsprozessen, ob im Verein, in der Kommune oder anderswo.[10] Durch Software unterstützt können so

Ideen gesammelt werden, man kann sie gleich auf Karten einzeichnen und man kann sie diskutieren und abstimmen. Das geht zum Beispiel im Rahmen von Bürger:innenhaushalten, bei Stadtentwicklungsprojekten, bei Projektideen wie Festivals, im Rahmen von Vereinsaktivitäten.

Software kann hilfreich sein, um Beteiligungsprozesse zu unterstützen, um mehr Menschen dazu zu bringen, ihre Ideen und Meinungen einzubringen. Aber Experten wie etwa Simon Stromenger von Mehr Demokratie sagen, dass wirkliche Beteiligung dann doch wieder analoge Begegnungen braucht. Die vertiefende Diskussion verschiedener Vorschläge braucht noch immer das gemeinsame Anwesendsein, die wiederholte Begegnung, das Einlassen auf die Anderen.[11]

Auch die immer mehr in Mode kommenden Bürger:innenräte nutzen zum Teil digitale Lösungen, um ihre Sitzungen vor- und nachzubereiten. Man trifft sich zwar, um die zentralen Fragen eines Themas auszudiskutieren, hat aber bereits vorher verschiedene Vorschläge gelesen, Vorträge von Expert:innen gehört und Themen andiskutiert. Die Diskussionen sind so informierter und – so die Hoffnung – führen am Ende zu besseren Ergebnissen.[12]

Digitale und analoge Begegnungen

Kommen wir zurück zur Ausgangsfrage: Funktionieren die meisten unserer alltäglichen Begegnungen nicht auch digital?

Wir haben gesehen, dass digitale Kommunikationstechnologien tief in unser Leben vorgedrungen sind. Sie bestimmen, wie wir kommunizieren und gestalten unser Bild von Welt und Gesellschaft mit. Vollständig ersetzen können sie analoge Begegnungen deshalb noch lange nicht. Selbst ausgefeilte Technologien, die bisher auch nur von wenigen genutzt werden, ersetzen nicht, dass man den gleichen Raum teilt und ihn und sich gegenseitig mit allen Sinnen wahrnimmt. Und: Der Zufall spielt bei digitalen Begegnungen eine wesentlich geringere Rolle. Die Selbstdarstellung, der eigene Auftritt, sie sind inszenierter, als wenn wir nur vor unserer Haustür auf die Straße oder in den Supermarkt gehen.

Wir sind bei digitalen Begegnungen häufig auf einen Bildschirm fokussiert, sehen einen Ausschnitt des anderen, wie er oder sie auch nur einen Ausschnitt unserer momentanen Situation sieht. Häufig ist das Gesicht dabei im Fokus. Die Übertragung ist, selbst bei schneller Internetverbindung, häufig leicht verzögert. Auch muss man sich mehr anstrengen beim Zuhören, wenn die Stimme technisch übertragen wird.

Wir haben so weniger Eindrücke zur Verfügung, um unser Gegenüber zu interpretieren. Meint sie es ernst oder war da ein Anflug von Ironie in der Stimme? Wann hat er gezwinkert? Macht seine Stimme wirklich eine Welle oder ist das nur die Übertragung?

Und noch etwas ist entscheidend: Digitale Begegnungen setzen eine umfangreiche technologische Basis voraus. Klappt es nicht mit der Einwahl, blockiert der Computer die Videokonferenz, hat man den falschen Link – man ist außen vor und bleibt es meistens auch. Wenn jedoch bei einer analogen Begegnung Dinge fehlen, kann man improvisieren. Man versteht einander nicht? Dann kann man schnell jemanden zum Übersetzen dazu holen.[13] Auch andere Verständigungsbarrieren können spontan ausgeräumt werden. Das ist digital wesentlich aufwendiger.

Digitale Begegnungen ergänzen unsere analogen. In einer Ausnahmesituation wie einer Pandemie ersetzen sie sogar einen Teil davon. In einigen wenigen Bereichen, etwa Online-Gaming, können sie analoge Begegnungen ersetzen – für einige wenige Menschen. Für den Großteil bleiben analoge Begegnungen aber wichtig. Nur hier teilt man, zufällig zusammengewürfelt, mit Menschen denselben Raum. Nur hier nimmt man sie mit allen Sinnen wahr, liest beinahe intuitiv ihre Gestik und Mimik. Nur hier gibt es viele, feine Reparaturmechanismen, wenn die Situation zu kippen droht. Das kontrastiert den begrenzten Einblick, den uns selbst ausgefeiltere Videokonferenzsysteme ermöglichen. Und es bietet wichtige Korrekturmöglichkeiten für das polarisierte Bild, das wir auch (!) durch soziale Medien von unserer Gesellschaft haben. Menschen nehmen einander als Menschen wahr, werden überrascht und irritiert.

Digitale Technologien können Begegnungen über Distanzen ermöglichen, wo sie sonst schlicht nicht möglich wären oder der Aufwand sehr groß wäre. Und sie können Entscheidungsprozesse unterstützen, etwa vor Ort in der Kommune, aber auch bei Bürger:innenräten zu den ganz großen Themen. Das macht deutlich: Es geht schwer ohne analoge Begegnung, irgendwann muss man sich treffen. Gerade diese digitale Unterstützung von Entscheidungsprozessen scheint mir Potenzial für Demokratie zu haben. Sie ermöglicht eine breitere Beteiligung auch von denen, die sich sonst nicht einbringen würden – sei es aus Zeitgründen oder weil sie die Hürden für zu hoch halten. Hier ersetzen digitale Technologien keine Begegnungen, sie verbreiten vielmehr deren Potenzial.

9. Für eine Politik der Begegnung

Ein kurzer Rückblick und zehn Handlungsempfehlungen

Trist sähe sie aus, eine Welt ohne Begegnungsorte: Menschen wären entweder zuhause vor ihren Bildschirmen gefangen, sie würden in ihren Autos pendeln, um im Büro auf ein Display zu starren, um dann zurückzupendeln und vor einem Bildschirm Sport zu machen. Parks, Fußgängerzonen, Sportvereine, Stadtteilinitiativen oder Dorffeste – all das gäbe es dann nicht.

Demokratie fehlt Begegnung

So weit ist es zum Glück noch nicht. Doch es hat sich etwas verändert in unseren Begegnungen, zuerst graduell in den letzten Jahrzehnten und dann beschleunigt durch die Einschränkungen der Coronapandemie. Viele Begegnungsorte, die noch vor wenigen Jahrzehnten zum Alltag gehörten, sind weniger geworden. Wir leben unsere Leben vielfach individualistischer, in vielem auch freier als vor 40 Jahren. Leben sind dadurch allerdings auch weniger erwartbar geworden, es fallen Halteseile weg. Freiheit ist auch Arbeit, sie kann überfordern.

Und doch soll dieses Buch keine Forderung sein, zu den großen Massenorganisationen des letzten Jahrhunderts zurückzukehren: Parteien, Gewerkschaften, Kirchen und Co. haben ihre gesellschaftliche Rolle und es ist zum Teil ein Problem, dass ihnen die Mitglieder vor allem wegsterben. Aber sie werden vermutlich nie wieder den umfassenden Einfluss auf unsere Leben haben, wie dies in den 1970ern und 1980ern mit Begegnungsflächen, Wohnungsgesellschaften, Bildungsarbeit und gemeinsamen Reisen der Fall war.

Die Art, wie wir einander begegnen, hat sich nun einmal verändert. Das Fehlen von Begegnung ist kein plötzlicher Verlust, sondern eine langsame Erosion. Schwimmbäder haben nicht überall gleichzeitig geschlossen, sondern mal eins hier, mal dort. Dorfkneipen wurden nicht von heute auf morgen durch Cocktailbars in Szenebezirken von Städten ersetzt, es passierte schleichend. Und Wohnviertel entmischen sich sehr langsam, nicht überall gleich. So sind wir langsam zu einem Zustand gekommen, an dem Begegnung an vielen Stellen fehlt.

Demokratie braucht Begegnung

Das Ganze hat eine Kehrseite: Demokratie fehlt Begegnung, weil sie elementar darauf angewiesen ist, dass Menschen einander begegnen. Um einander als legitime Mitglieder einer Gesellschaft anzunehmen, müssen Menschen sich gegenseitig wahrnehmen. Sie müssen Menschen, die anders sind, anders leben, als reale Personen akzeptieren. Und dafür hat die Begegnung von Angesicht zu Angesicht eine kaum zu überschätzende Bedeutung.

Begegnungsorte sind nicht einfach nur weniger geworden. Sie sind auch ungleich verteilt. Strukturschwäche ist nicht nur fehlende Wirtschaftskraft. Sie ist vielerorts auch ein Mangel an Begegnung. Es hängt davon ab, wo man wohnt, wo man arbeitet, auf wie viele Begegnungsorte im Alltag man Zugriff hat. Das ist in Stuttgart einfacher als in Gelsenkirchen, in Hamburg leichter als in Frankfurt/Oder. Abgehängtsein verstärkt sich durch diese territoriale Ungleichheit nur noch mehr.

Begegnung und demokratische Resilienz

Empfundene Polarisierung, mangelndes Vertrauen in Institutionen, Mitmenschen und Politik, kurz: ein empfundener geringerer sozialer Zusammenhalt – das alles hat auch damit zu tun, dass uns Begegnung fehlt. Es macht eine Gesellschaft weniger resilient, um mit Herausforderungen umzugehen wie die, vor denen wir stehen. Wie sollen Klimawandel, verstärkte Migration, Digitalisierung oder Krieg in Europa gleichzeitig behandelt werden, wenn eine Gesellschaft einander nicht vertraut, wenn Menschen glauben, andere würden sie ausnutzen, sich besserstellen und ihnen drohe der Abstieg? Sicher: Die Bewältigung dieser Herausforderungen braucht Vieles. Aber eine resiliente Demokratie, in der Menschen sich begegnen und deshalb vertrauen, ist von zentraler Bedeutung.

Und für eine resiliente Demokratie ist der Alltag der Menschen zentral, denn die meiste Zeit des Tages verbringen wir mit Alltäglichem. Hier erleben wir gleichsam nebenbei Gesellschaft. Wie wir Gesellschaft im Alltag wahrnehmen, bestimmt unser Bild von ihr. Ob Straßen nur als anstrengend empfunden werden, ob das Büro vor allem Stress bedeutet, ob die Parks sauber oder vermüllt sind und wen wir beim Elternabend in der Schule treffen, all das macht einen Unterschied.

Alltagsorte sind öffentliche Infrastrukturen, auch wenn sie nicht immer dem Staat gehören. Sie sind öffentlich, weil hier die Öffentlichkeit der Demokratie entsteht. Sie als öffentliche Infrastrukturen der Demokratie zu verstehen, macht sie gestaltbar. Es sollte ganz dringend geschehen: Alltagsorte gestalten.

Es kommt auf den Alltag an

Denn diese Orte leisten vier Dinge, die für Demokratien wichtig sind: Menschen nehmen einander wahr, auch wenn es nur flüchtig ist. Sie tauschen sich zudem sprachlich aus, diskutieren vielleicht sogar miteinander, nicht immer über Demokratie, aber doch über Themen, bei denen Unterschiede deutlich werden. An manchen Orten treffen sich außerdem immer wieder dieselben Menschen und zu anderen Gelegenheiten tun sie schließlich sogar etwas miteinander. Diese vier Mechanismen zu verstehen hilft, alltägliche Begegnungsorte zu gestalten.

Und die Dorfkneipe? Sie ist vielleicht eine Lösung für das Fehlen von Begegnung. Neben ihr auch viele andere, manche klassisch wie der Sportverein, andere noch nicht so verbreitet wie etwa Urban Gardening, wieder andere sind noch nicht erfunden. Sie alle können ihren Beitrag leisten für eine resiliente Gesellschaft, die einander stärker vertraut.

Die Begegnung an diesen Orten irritiert unsere eingefahren Denkstrukturen, unsere Erwartungen. Wir lernen etwas über die Menschen, mit denen wir zusammen in einer Gesellschaft leben, verändern, wie wir über sie denken. Oft wird unser Denken milder, meist differenzierter. Aus der Nähe sind Menschen oft menschlicher als in unseren Stereotypen, ganz sicher als in der medialen Darstellung oder gar in den sozialen Medien. Darum ist diese demokratische Irritation der alltäglichen Begegnung so wichtig.

Zehn Handlungsempfehlungen

Aber wie kann das gelingen? Wie können wir in den 2020ern Begegnungsorte schaffen, die für viele gut nutzbar sind, positive Erlebnisse schaffen, Diversität sichtbar, sicher und inklusiv machen? Was können Politik, Verwaltung, Zivilgesellschaft und wir selbst tun, um Begegnungsorte zu schaffen, sie zu pflegen und zu fördern?

Die folgenden zehn Vorschläge spitzen zu und sollen zum Weiterdenken anregen. Nicht alle sind neu und innovativ, aber im Zusammenspiel ein Weg zu einer Gesellschaft mit mehr, besseren und schöneren Begegnungsorten und damit zu einer Demokratie, die für mehr Menschen funktioniert und angenommen wird.

(1) Vor Ort wissen sie es am Besten

Beteiligung ist wichtig. Nicht unbedingt, weil Beteiligung ein Wert an sich ist. Das kann man so sehen, muss man aber nicht. Beteiligung ist auch deswegen so wichtig, weil Menschen vor Ort oft am Besten wissen, was funktioniert und was nicht, was gebraucht wird und wie ein Ort genutzt wird.

Es gibt viele Versuche, Menschen an der Planung und Ausgestaltung von Begegnungsorten zu beteiligen. Das kann durch Bürger:innenforen geschehen, digital begleitet, durch Befragungen, Ideenwettbewerbe, die Beteiligung lokaler Initiativen und vieles mehr.

Es braucht noch mehr als die bloße Abfrage und Diskussion von Ideen. Natürlich: Es ist wichtig, Kompromisse zu finden und die Interessen möglichst vieler zu berücksichtigen. Wenn man diese diskutiert, kommt man oft zu kreativen und besser passenden Lösungen.

Wenn man schon dabei ist, kann man Menschen auch die Verantwortung für Begegnungsorte mit übertragen. Den Park pflegen, den Platz gestalten – das muss nicht alles der Staat machen. Staatliche Akteure wollen oft die Hoheit über Begegnungsorte behalten. Zu groß ist häufig die Angst, Kontrolle abzugeben oder am Ende für Fehler anderer zu haften.

Dabei liegt genau in dieser Verantwortungsabgabe eine große Chance. Kooperieren Stadtverwaltung und Nachbarschaft, spart die Stadt Kosten. Und die Anwohner:innen haben einen schönen Rückzugsort, den sie vielleicht noch pfleglicher behandeln, weil es auch ihrer ist. Das erfordert Mut, es erfordert auch Kreativität im Umgang mit dem deutschen Bürokratiedschungel.

Oder man geht noch weiter und lässt Menschen ihre Begegnungsorte selbst konzipieren, bauen und gestalten – und organisiert dafür Unterstützung. Diese Unterstützung kann Expertise sein, Unterstützung bei der Ideen- und Kompromissfindung, aber auch Geld für die Umsetzung.

(2) Modellprojekte und Experimentierräume

»Das geht doch sowieso nicht«, heißt es häufig. Zu groß scheinen die Hürden, die Widerstände, die Kosten, das Risiko des Scheiterns. Und doch gibt es immer wieder Mutige, die etwas ausprobieren, die sich nicht abfinden wollen. Ein Begegnungscafé in Ostsachsen? Da kommt doch eh niemand. Ein saniertes Herrenhaus in Brandenburg, das multifunktionell ist? Will die örtliche Verwaltung nicht. Ein Schwimmbad in Bürger:innenhand? Zu teuer, das finanziert doch niemand.

Aber diese Pionier:innen sind von unschätzbarem Wert, denn sie zeigen, dass unmöglich geglaubte Vorhaben gelingen können. Modellprojekte und Experimentierräume sind wichtig. Die menschliche Kreativität ist groß, gerade in der Lösung von konkreten Problemen. Gelingende Projekte kann man nachahmen, aus scheiternden lernen, was sich besser machen lässt. Und genau dafür muss man ausprobieren und forschen.

Dieses Ausprobieren und Experimentieren kann gefördert werden. Etwa, indem man Menschen Kompetenzen vermittelt, die sie dann selbst nutzen können, indem man ihnen Räume oder andere Ressourcen zur Verfügung stellt. Und indem man sie machen lässt, anstatt ihnen Steine in den Weg zu legen. Wichtig: Die Anforderungen sollten nicht zu hoch sein, die Ergebnisse nicht zu stark vordefiniert. Nichts bremst Kreativität mehr als starre Vorgaben und Bürokratie.

(3) Diverse Nachbarschaft verbindet

Deutschland lebt zunehmend segregiert. Arm und Reich, alteingesessen und zugewandert – Menschen wohnen immer weniger nebeneinander. Schuld ist unter anderem ein sich rasant entwickelnder Mietmarkt, vor allem in Großstädten. Das führt auch dazu, dass sich Menschen aus verschiedenen Milieus immer weniger begegnen und so weniger die Chance haben, sich als legitime Mitglieder der Gesellschaft wahrzunehmen.

Mietenpolitik ist Begegnungspolitik. Aber eine Politik der Durchmischung, wie sie in Singapur oder Wien durch eine breite öffentliche Förderung von Wohnen Realität ist, ist für Deutschland nicht in Sicht. Eigentum verpflichtet die Eigentümer:innen – aber nur in sehr begrenztem Umfang auf gesamtgesellschaftliche Ziele. Den Deutschen ist ihr Immobilieneigentum wichtig, auch wenn nur ein Teil der Bevölkerung das Glück hat, welches zu besitzen.

Dabei läge hier ein wirksamer Hebel, um gesellschaftliche Diversität erlebbar zu machen. Unser Wohnumfeld ist Alltag, hier nutzen wir die Straßen und Verkehrsmittel, gehen einkaufen und aus, unsere Kinder besuchen Kita und Grundschule in der Nähe und manchmal kennen wir sogar die Nachbar:innen flüchtig. Wen wir in unserer unmittelbaren Umgebung treffen, bestimmt auch darüber mit, wie wir Gesellschaft sehen. Ohne staatliche Regulierung wird das vermutlich nicht funktionieren.

(4) Hürden gering halten

Für Bildungsurlaub braucht man kooperative Arbeitgeber:innen, für Diskussionsveranstaltungen gute Sprachkenntnisse, der Stadtpark ist nicht barrierefrei und Straßen sind nur für Autos da? Die Welt der Begegnungsorte ist voller Hürden. Mal sind es bauliche Hürden, die Menschen mit Beeinträchtigungen und Ältere ausschließen, mal finanzielle, mal sprachliche, mal thematische.

Natürlich: Es wird schwerlich Begegnungsorte geben, die für alle gleich gut zugänglich sind. Dafür sind die Anforderungen einfach zu divers. Aber es ist wichtig, die Hürden gering zu halten und möglichst inklusive Begegnungsorte zu schaffen. Das erreichen Eckkneipen eher als hochpreisige Bars, der Stadtpark eher als der Zoo, das öffentliche Schwimmbad stärker als das Erlebnisbad.

Peter Siller hat mit seinem Begriff der »inklusiven Qualität« einen Maßstab vorgeschlagen, der hilft, über Begegnungsorte nachzudenken. Wichtig ist, dass man sich die spezifischen Hürden für unterschiedliche Gruppen vor Augen führt – um ihnen zu begegnen. Öffentliche Infrastrukturen sollen beides bieten: inklusiv sein und eine hohe Qualität aufweisen.

(5) Neue Allianzen bilden

Politische Bildung im Baumarkt, ein Nachbarschaftscafé oder die Filiale der Stadtbibliothek im Supermarkt, die örtliche Poolbaufirma lädt das Dorf im Sommer jeden zweiten Sonntag zum gratis Baden ein? Das klingt erst einmal wild, denn hier werden Sphären vermischt. Aber was tun, wenn die Volkshochschule und die Bibliothek sich zurückgezogen haben, wenn das Café wegen Personalmangel schließen musste und das Schwimmbad schon in den 90ern weggespart wurde?

Neue, ungewöhnliche Allianzen, etwa zwischen Wirtschaft, Zivilgesellschaft und Staat, können helfen. Natürlich: Wirtschaftsakteure können spenden, sie können über Stiftungen das Gemeinwesen unterstützen. Ein Schatz, den sie oft haben, sind aber ihre Infrastrukturen: Ihre Gebäude und Flächen, die sie sowieso bewirtschaften, dazu kommt ihr Know-How. Warum diese nicht – in Zusammenarbeit mit einem Verein, einer Bibliothek – der Allgemeinheit zur Verfügung stellen? Die dadurch entstehenden Kosten dürften sich in Grenzen halten. Den Werbeeffekt gibt es gratis dazu.

Die Stiftung Mercator fördert im Jahr 2024 mit ihrem Begegnungsfonds erste Modellprojekte, die genau solche neuen Allianzen als Grundlage haben.[1] Es sind nur Projekte, ihre Dauer ist begrenzt. Aber es wird spannend sein zu sehen, was funktioniert und was nicht, wo sich ein weitergehendes Engagement lohnt. Zudem bringt es Akteure miteinander ins Gespräch, die sonst vielleicht nicht über Begegnungsorte miteinander reden, zwischen denen es Misstrauen gibt oder Berührungsängste.

Wichtig ist, dass sich Akteure dafür als Teil unserer Demokratie verstehen, als Handelnde. Die lokale Fahrschule, der Supermarkt, die Firmen im Gewerbegebiet – sie alle haben auch eine Verantwortung für unsere Demokratie, die über die Befolgung von Gesetzen und das Zahlen von Steuern hinaus gehen. Viele erkennen das bereits, aber es gibt noch großes Potenzial, das man heben kann.

(6) Der Staat muss positiv erfahrbar sein

Der Staat hat auch eine Rolle in der Gestaltung unseres Zusammenlebens. Nun erfahren wir ihn zurzeit oft eher negativ: Im Bürgeramt gibt es keinen Termin, die KFZ-Anmeldung ist langwierig, die Regierung will in meinen Heizungskeller hineinregieren und das Finanzamt möchte auch schon wieder Geld.

Diese Erfahrungen stärken nicht gerade das Vertrauen in den Staat – ganz im Gegenteil. Natürlich: Ein Staat ist kein Dienstleister. Aber er braucht auch Bereiche, in denen er positiv erfahrbar ist.

Die Begegnungsinfrastrukturen, für die der Staat verantwortlich ist, sind eine Möglichkeit, ihn positiv erfahrbar zu machen. Was wäre, wenn der Park, der Platz, die Straßen und der öffentliche Nahverkehr plötzlich schöne Alltagserfahrungen sind? Wenn man sich nirgends unsicher fühlt, Raum für Austausch und Erholung hat und weiß, dass die eigenen Steuern dafür eingesetzt wurden?

Wichtig ist dabei, nicht in Zwangsbeglückung zu verfallen. Denn das, was sich Politik, Verwaltung oder Architekt:innen als wünschenswert für Bürger:innen vorstellen, wünschen diese sich nicht immer. Gute Begegnung entsteht oft da, wo Menschen sich auskennen und sie selbst mitgestalten. Auch deshalb ist Mitgestaltung so wichtig.

(7) Multifunktionale Orte

Warum muss ein Ort eigentlich immer nur einen Zweck erfüllen? Am Beispiel von Parks, Bibliotheken und anderen multicodierten Orten haben wir gesehen, dass auch mehreres gleichzeitig möglich ist. Begegnung, Erholung, Sport, Bildung – das alles und noch viel mehr geht zusammen.

Warum nicht eine Bibliothek und eine Arztpraxis in einen Bahnhof integrieren – freie Flächen gibt es dort doch zunehmend, das Gebäude liegt meist zentral. Und Schulen, die häufig nur bis 16 Uhr genutzt werden, können abends Kurse der lokalen Volkshochschule oder des Sportvereins beherbergen und lokale Initiativen können die Räume nutzen und z.B. Deutschkurse für Geflüchtete anbieten. Schulen könnten die Zentren von Orten und Vierteln werden, weiter gedacht mit Anlaufstellen für alle wichtigen kulturellen, sozialen und politischen Institutionen, zur Zivilgesellschaft und mehr.[2]

Immobilien sind teuer, und gerade deswegen lohnt es sich, sie stärker auszulasten. Es ist wie die Kooperation zwischen Supermärkten, Staat und Zivilgesellschaft: Natürlich kostet die zusätzliche Nutzung der Räume Geld. Aber das ist nur ein Bruchteil dessen, was ein Neubau oder die alleinige Anmietung kosten würde. Auf dem Land sind alte Bahnhöfe und Herrenhäuser zwar oft sanierungsbedürftig, oft aber solide gebaut. Viele Städte haben überschüssigen Büroraum, der sowieso nicht vermietet wird. Die Zeit der großen Einkaufszentren scheint auch vorbei. Warum also nicht das leerstehende Herrenhaus gemeinsam ausbauen und nutzen, warum die lokale Schule nicht stärker als Zentrum der Gemeinde verstehen? Wieso also nicht die Bibliothek in eine ehemalige Karstadtfiliale umziehen, gepaart mit einem Ärztehaus und Kontaktpunkten zu den wichtigsten Behörden?

Die rechtlichen Regelungen, die dem entgegenstehen, lassen sich ändern. Für die Koordination finden sich Lösungen, inzwischen auch in digitaler Form. Und die Widerstände bei manchen Akteuren lassen sich sicher auch auflösen, wenn man darüber spricht.

(8) Nennt Orte nicht »Demokratie-«

Sie heißen Demokratiecafé, Werkstatt für Zusammenhalt oder Snack Politische Bildung – und komischerweise kennen sich alle Teilnehmenden bereits aus anderen Formaten. Das finden sie schade, hatten auf mehr Resonanz gehofft, und beschweren sich erst einmal über die, die nicht da sind. Dabei bräuchte es doch gerade diese anderen, die Abwesenden, um für Demokratie einzustehen, hört man dann.

Szenen wie diese kennen alle Engagierten. Formate, die Demokratie im Namen tragen, die Politische Bildung heißen, sie erreichen oft immer dieselben sowieso schon engagierten Menschen. Häufig sind diese Mehrfachengagierten bereits mit ihren Ressourcen am Limit, über Zuwachs würden sie sich freuen, doch der bleibt aus. Und das »unsichtbare Drittel«, das Demokratie als Lebensform sowieso mindestens skeptisch gegenübersteht und öffentlich kaum in Erscheinung tritt, kommt schonmal gar nicht. Dabei bräuchte es genau diese Menschen, dabei müsste man genau sie erreichen, um unsere Demokratie krisenfester zu machen.

Das wird aber nicht geschehen, solange man Demokratie, Politische Bildung oder gar Politik auf Orte oder Aktivitäten draufschreibt. Auch der Begriff »Begegnung« ist für viele verdächtig, klingt nach kuscheliger Sozialarbeit, nicht nach einer Lösung für die Härten des Lebens.

Man muss die Menschen dort erreichen, wo sie sind: an ihren Alltagsorten. Und man erreicht sie mit Dingen, die sie sowieso interessieren: Angeln oder Heimwerken oder die neuesten Campingmobilmodelle, Musik oder die Bildung ihrer Kinder. Wir brauchen mehr Ideen, die nicht schon im Titel die Demokratie stärken wollen, sondern die Menschen in ihren Interessen ernst nehmen. Ein Repair-Café im Baumarkt, die Gesprächskasse für einsame Menschen, nachhaltige Campingmobile – das bietet Anknüpfungspunkte, über die man schnell auch über anderes ins Gespräch kommt.

(9) Vergesst das Land nicht

Debatten über Begegnungsorte sind oft solche um urbane Räume. Und Städte sind wichtig, denn sie sind oft voll und anstrengend, Stadtplanung kommt kaum mit den realen Entwicklungen hinterher. Aber es leben nicht alle Menschen in Städten. Der ländliche Raum verdient ebenso unsere Aufmerksamkeit.

Warum? Weil Infrastrukturen hier selten so dicht sind wie in Städten, weil sie oft mit Abwanderung und Strukturschwäche zu kämpfen haben. Weil vor allem hier Menschen auf Autos angewiesen sind und urbane Begegnungsräume wie Bürgersteige zu großen Teilen wegfallen.

Natürlich: Auf dem Dorf kennt man oft seine Nachbar:innen, es bestehen mehr private Kontakte, die Natur ersetzt den Park. Aber wenn die letzte Kneipe schließt, wenn das Dorf zerstritten ist, wenn Überalterung und Armut das Leben prägen, wenn Junge wegen der schwierigen Mobilität oder der langsamen Internetverbindung nicht nachziehen, dann braucht es Ideen, um das Dorf attraktiver zu machen. Gerade hier können Begegnungsorte wie ein Dorfladen mit Café helfen.

(10) Schafft eine grüne, eine liberale, eine sozialdemokratische, eine linke und eine konservative Theorie der Begegnungsorte

Was dem einen als Paradies erscheint, empfinden die anderen als Gängelung. Während Sozialdemokrat:innen vielleicht eher auf staatliche Infrastrukturen wie etwa Schulen setzen, finden Grüne Urban Gardening und Kulturvereine toll, Liberale betonen die Freiheit und Verantwortung von Unternehmer:innen für Begegnungsorte, Linke setzen auf Selbstorganisation von Initiativen und Kollektiven und Konservative schauen auf die Kirchen und Schützenvereine. Vermutlich wird alles davon gebraucht. Aber wovon wie viel, wie sollen diese Begegnungsorte aussehen? Das sind berechtigte Fragen.

Die liberale Demokratie lebt vom Wettstreit der Ideen. Sie werden unter anderem über Parteien kanalisiert, die Programme aufstellen und die auch dafür gewählt oder abgestraft werden. Um unsere Begegnungsinfrastrukturen in Zukunft zu gestalten, brauchen wir verschiedene Theorien davon, wie diese aussehen können. Und wie sie dann konkret gestaltet werden, entscheidet sich an der Wahlurne, aber auch vor Ort, wo Menschen sie konkret gestalten. Der Streit um die besten Ideen ist ein Überbietungswettbewerb darum, wer es besser, innovativer oder pfiffiger schafft, und er kann eine breite Debatte darüber in Gang setzen, welche Begegnungsorte wir uns wünschen und welche wir brauchen.

***

Was bleibt? Vielleicht Köpfe voller Ideen, wie Demokratien auch durch ihre Begegnungsorte mitgestaltet werden können. Oder eine konkrete Idee, wie der eigene Lieblingsort zum Begegnungsort für viele werden kann. Viel geschieht schon in diesem Land, das man sich anschauen und bei dem man sich etwas abschauen kann. Und das ist es ja, wovon die liberale Demokratie lebt: Vom Erfindergeist ihrer Bürger:innen, als Unternehmer:innen, als Akteure der Zivilgesellschaft, in Politik und Verwaltung oder ganz einfach vor Ort. Wir brauchen all diese Menschen, um unsere Demokratie zu gestalten. Vielfältige Begegnungsorte im Alltag können ein Baustein sein. Und am Ende steht vielleicht eine etwas resilientere Demokratie, in der Menschen einander mehr vertrauen, weil sie einander besser kennen.

Danksagung

Die Geschichte dieses Buches beginnt an einem warmen Märzsonntag am Anfang des Jahres 2020. M und ich sitzen mit einem Kaffee an der Spree, bald wird der Zug fahren. Wir sprechen über mein erstes Buch, die etwas sperrige Dissertation mit dem Titel »Warum treffen sich soziale Bewegungen?«, die M kurz zuvor für die Veröffentlichung lektoriert hat. Der Verlag hatte das kleine Wort Begegnung als Ergänzung im Titel vorgeschlagen, ich nahm diese Popularisierung gern an. Wir sprachen also darüber, was die Erkenntnisse des Buches für Demokratie bedeuteten. Ginge Demokratie ohne Begegnung? Welche Begegnungssituationen bringen wir mit Demokratie in Zusammenhang? Warum? Und so begann das Nachdenken über den Zusammenhang von Demokratie und Begegnung.

M hat die richtigen Fragen gestellt, neugierig und zugewandt wie immer. Sie kann die Veröffentlichung dieses Buches nicht mehr miterleben, es nicht lesen, auseinandernehmen und wiederum spannende Anschlussfragen formulieren. Ihr gebührt mein Dank für vieles, auch für das Stellen der richtigen Fragen.

Es schreibt sich so leicht und doch stimmt es: Ein Buch ist nie nur das Werk eines Autors, es sind viele Menschen beteiligt, die Fragen oder Auskunft geben, die unterstützen und ermöglichen, die mit- und weiterdenken. Ich danke Martha für viel Zuspruch, Beistand und Weiterdenken, Lukas für unsere stetige Konversation über das genaue Verstehen dieser Welt, Ralf Fücks für viel Vertrauen und Einblicke in Denkuniversen, auch für die Möglichkeit, auszuprobieren.

Ich danke für Inspirationen und das richtige Nachbohren Laura Krause, Karolina Wigura, Christian Böllhoff und Peter Siller. Paul Jürgensen und Paulina Fröhlich danke ich für ihre Neugier und den Wunsch, gemeinsam das Gemeinwesen zu verstehen. Ich danke Pascal Fischer für eine frühe Möglichkeit, meine Gedanken öffentlich zu formulieren. Und ich danke Jakob Horstmann für das frühe Vertrauen in die Idee zum Buch und Karin Werner und dem transcript Verlag dafür, dass sie daran geglaubt haben und es in ihr Programm aufgenommen haben. Die Zusammenarbeit mit Linda Dümpelmann war wie immer eine Freude.

Und ich danke den Menschen, die am Ende versucht haben, noch den allerletzten Fehler zu finden: Bernd Fiedler, Benjamin Läpple, Marius Drozdzewski, Sophia Hofer, Franziska Margraff, Johannes Domnick, Lukas Daubner, Nicole Jundt und Edda.

Anmerkungen

Die Dorfkneipe wird unterschätzt

1 https://www.dehoga-bundesverband.de/zahlen-fakten/anzahl-der-unternehmen/, 22.02.2024.

2 https://taz.de/!5874983/, https://beerandpub.com/data-statistics; https://www.uhy-uk.com/insights/pub-and-bar-company-insolvencies-jump-83-past-year-512; ähnlich auch Deutschland https://www.merkur.de/wirtschaft/bericht-corona-krise-hat-zu-kneipensterben-in-deutschland-gefuehrt-91421779.html, alle 26.03.2023.

3 https://www.welt.de/regionales/nrw/article181277202/Kiosksterben-in-Deutschland-2000-Geschaefte-weniger-in-zehn-Jahren.html, 05.03.2023.

4 https://publicgovernance.de/html/de/8318.htm, 05.02.2023.

5 Helbig, M. & Jähnen, S. (2018). *Wie brüchig ist die soziale Architektur unserer Städte? Trends und Analysen der Segregation in 74 deutschen Städten*; für die Einkommensverteilung siehe https://www.zeit.de/wirtschaft/2023-01/einkommensverteilung-arm-reich-ungleichheit-deutschland, 05.03.2023.

6 Schaible, J. (2023). *Demokratie unter Feuer. Warum wir die Freiheit nur bewahren, wenn wir das Klima retten – und umgekehrt.* DVA; Zur Erosion der Demokratie u.a. Calhoun, C., Gaonkar, D. P. & Taylor, C. (2024). *Zerfallserscheinungen der Demokratie.* Suhrkamp; Bertelsmann Stiftung (2024). *Transformations Index BTI 2024*. https://www.bertelsmann-stiftung.de/de/publikationen/publikation/did/transformation-index-bti-2024-all, 19.03.2024.

7 Siehe z.B. Canzler, W. & Knie, A. (2019). *Strategiepapier Autodämmerung. Experimentierräume für die Verkehrswende.* S. 32.

8 von Thadden, E. (2018). *Die berührungslose Gesellschaft*. C.H. Beck.

9 Kinnert, D. & Bielefeld, M. (2021). *Die neue Einsamkeit: Und wie wir sie als Gesellschaft überwinden können*. Hoffmann und Campe, S. 46 und passim.

10 Manthe, R. (2020). *Warum treffen sich soziale Bewegungen? Vom Wert der Begegnung: Interaktionssoziologische Perspektiven auf das Weltsozialforum*. transcript Verlag.

11 Manthe, R. (2020). *Warum treffen sich soziale Bewegungen? Vom Wert der Begegnung: Interaktionssoziologische Perspektiven auf das Weltsozialforum*. transcript Verlag.

12 Schönberger, S. (2023). *Zumutung Demokratie.* C.H. Beck.

13 Siller, P. (2016). *Was heißt Inklusion? Zur Orientierungskraft eines aufstrebenden Begriffs*. Boell. De.

14 Kersten, J., Neu, C. & Vogel, B. (2022). *Das Soziale-Orte-Konzept.* transcript Verlag.

Demokratie, Zusammenhalt und Vertrauen

1 So auch die Autor:innen in Arndt, M. et al. (2020). *Soziale Orte. Ein Konzept zur Stärkung lokalen Zusammenhalts* (No. 5/2020; WISO Diskurs). S. 7.

2 https://www.spd.de/fileadmin/Dokumente/Koalitionsvertrag/Koalitionsvertrag_2021-2025.pdf, 11.04.2023.

3 https://www.tagesspiegel.de/politik/scholz-ruft-zum-zusammenhalt-auf-wenn-wir-uns-unterhaken-sind-wir-stark/28475196.html, 11.04.2023.

4 https://www.bundespraesident.de/SharedDocs/Reden/DE/Frank-Walter-Steinmeier/Reden/2022/02/220213-Bundesversammlung.html, 11.04.2023.

5 Deitelhoff, N., Groh-Samberg, O., Middell, M. & Schmelzle, C. (2020). *Gesellschaftlicher Zusammenhalt – Umrisse eines Forschungsprogramms.* In N. Deitelhoff, O. Groh-Samberg & Middell, M. (Eds.), *Gesellschaftlicher Zusammenhalt. Ein interdisziplinärer Dialog.* Campus. S. 10f.

6 So die Titel bei Schönberger, S. (2023). *Zumutung Demokratie.* C.H. Beck; Heidenreich, F. (2022). *Demokratie als Zumutung. Für eine andere Bürgerlichkeit.* Klett-Cotta.

7 https://www.taz.de/Forscher-ueber-Zustand-der-Gesellschaft/!5951963/, 06.02.2024.

8 Deitelhoff, N., Groh-Samberg, O., Middell, M. & Schmelzle, C. (2020). *Gesellschaftlicher Zusammenhalt – Umrisse eines Forschungsprogramms.* In N. Deitelhoff, O. Groh-Samberg, & Middell, M. (Eds.), *Gesellschaftlicher Zusammenhalt. Ein interdisziplinärer Dialog.* Campus. S. 12.

9 Ebd., S. 13.

10 Forst, R. (2020). *Gesellschaftlicher Zusammenhalt. Zur Analyse eines sperrigen Begriffs.* In N. Deitelhoff, O. Groh-Samberg & Middell, M. (Eds.), *Gesellschaftlicher Zusammenhalt. Ein interdisziplinärer Dialog.* Campus. S. 42.

11 »Sozialer Zusammenhalt existiert dort, wo die unterschiedlichen Vorstellungen des richtigen, gerechten sozialen Zusammenhalts (inklusive Gerechtigkeitsbilanz und Zugehörigkeiten), die es in Gruppenmilieus gibt, noch so weit übereinstimmen, dass daraus eine gemeinsame normative Zusammenhaltsvorstellung, wenn auch abstrakt und vielschichtig, resultiert. In ihr muss genug Raum für Differenz, Toleranz und demokratischen Streit sein, aber eben auch für das Bewusstsein realer Zusammengehörigkeit, das sich in Konflikten bewähren und reproduzieren können muss. Dieser Zusammenhalt zerbricht (oder kommt gar nicht erst zustande), wo die einzelnen Zusammenhaltsvorstellungen keine ausreichende Schnittmenge aufweisen.« ebd., S. 51.

12 Bertelsmann Stiftung & infas. (2020). *Gesellschaftlicher Zusammenhalt in Deutschland 2020. Eine Herausforderung für uns alle. Ergebnisse einer repräsentativen Bevölkerungsstudie.*

13 Deutschland, M. in C. (2019). *Die andere deutsche Teilung. Zustand und Zukunftsfähigkeit unserer Gesellschaft.*

14 Allmendinger, J. & Wetzel, J. (2020). *Die Vertrauensfrage. Für eine neue Politik des Zusammenhalts*. Duden Verlag.

15 Ebd., S. 14, 25ff.

16 Bertelsmann Stiftung & infas. (2020). *Gesellschaftlicher Zusammenhalt in Deutschland 2020. Eine Herausforderung für uns alle. Ergebnisse einer repräsentativen Bevölkerungsstudie.*

17 Ebd., S. 77.

18 Bertelsmann Stiftung (2021). *Gesellschaftlicher Zusammenhalt in Zeiten der Pandemie. Ergebnisse einer Längsschnittstudie in Deutschland 2020 mit drei Messzeitpunkten.*

19 Bertelsmann Stiftung (2022). *Erschöpfte Gesellschaft. Auswirkungen von 24 Monate Pandemie auf den gesellschaftlichen Zusammenhalt.*

20 Ebd., S. 14.

21 Krause, L. & Gagné, J. (2019). *Die andere deutsche Teilung: Zustand und Zukunftsfähigkeit unserer Gesellschaft*; Siehe auch die Zusammenfassung Manthe, R. (2019). *Studie »Die andere deutsche Teilung«: überraschende Erkenntnisse*. https://libmod.de/die-andere-teilung-more-in-common-rainald-manthe/, 01.04.2024.

22 Ebd., S. 112.

23 Allmendinger, J. & Wetzel, J. (2020). *Die Vertrauensfrage. Für eine neue Politik des Zusammenhalts*. Duden Verlag, S. 40ff.

24 Ebd., S. 61.

25 Siehe etwa Midem (2023). *Polarisierung in Deutschland und Europa. Eine Studie zu gesellschaftlichen Spaltungstendenzen in zehn europäischen Ländern.;* U Konrad-Adenauer-Stiftung. (2021). *Politische Polarisierung in Deutschland. Repräsentative Studie zu Zusammenhalt in der Gesellschaft*; Ähnlich More in Common. (2023). *Zukunft, Demokratie, Miteinander: Was die deutsche Gesellschaft nach einem Jahr Preiskrise umtreibt.*

26 Siehe etwa die Bücher: Wagenknecht, S. (2022). *Die Selbstgerechten: Mein Gegenprogramm – für Gemeinsinn und Zusammenhalt*. Campus; Geisterhagen, N. (2018). *Die liberale Illusion. Warum wir einen linken Realismus brauchen*. Dietz Verlag.

27 Midem. (2023). *Polarisierung in Deutschland und Europa. Eine Studie zu gesellschaftlichen Spaltungstendenzen in zehn europäischen Ländern*.

28 Mau, S., Lux, T. & Westheuser, L. (2023). *Triggerpunkte. Konsens und Konflikt in der Gegenwartsgesellschaft*. Suhrkamp, Kap. 1.

29 https://taz.de/!5997283/, 20.03.2024.

30 Das zeigen etwa die Autor:innen von Shattuk, J., Raman, S. & Risse, M. (2022). *Holding together. The Hijacking of Rights in America and How to Reclaim them for Everyone*. The New Press.

31 Mau, S., Lux, T. & Westheuser, L. (2023). *Triggerpunkte. Konsens und Konflikt in der Gegenwartsgesellschaft*. Suhrkamp. S. 380.

32 Ebd., Kapitel 2 und Kapitel 7.

Begegnungsorte als Infrastruktur von Demokratien

1 https://www.tagesspiegel.de/politik/wer-nicht-streiten-will-schadet-der-demokratie-5980258.html, 06.05.2023.

2 Siehe Mueller, J.-W. (2021). *Democracy rules. Liberty, Equality, Uncertainty*. Farrar, Straus and Giroux; ausführlich Mueller, J.-W. (2022). *Liberal Democracy's Critical Infrastructure. How to think about Intermediary Powers* (No. 16; SCRIPTS Working Paper).

3 Z.B. der Sozialatlas der Heinrich-Böll-Stiftung: Heinrich Böll Stiftung. (2022). *Sozialatlas. Daten und Fakten über das, was unsere Gesellschaft zusammenhält*.

4 Klinenberg, E. (2018). *Palaces for the people. How to build a more equal & united society*. Vintage.

5 Oldenburg, R. (1989). *The Great Good Place. Cafés, Coffee Shops, Bookstores, Bars, Hair Salons, and other Hangouts at the Heart of a Community*. Marlowe & Company.

6 Ebd., Kap. 3.

7 Ebd., Kap. 4.

8 https://www.bmwsb.bund.de/Webs/BMWSB/DE/themen/raumentwicklung/raumordnung/zentrale-orte/zentrale-orte-trenner-langfassung.html;jsessionid=BDC6B8FE35EDE8AD4806ED3F6D5F80F2.2_cid295, 05.05.2023.

9 Kersten, J., Neu, C. & Vogel, B. (2022). *Das Soziale-Orte-Konzept*. transcript Verlag. S. 9, 41, 126ff.

10 Ebd., S. 77.

11 Ebd., S. 92.

12 Ebd., S. 14.

13 Siller, P. (2019). *Teilhabe ernst nehmen! Konturen einer Politik der öffentlichen Räume und Netze*. S. 20f.

14 Manthe, R. (2020). *Warum treffen sich soziale Bewegungen? Vom Wert der Begegnung: Interaktionssoziologische Perspektiven auf das Weltsozialforum*. transcript Verlag. Kap. 9e.

15 Siller, P. (2016). *Was heißt Inklusion? Zur Orientierungskraft eines aufstrebenden Begriffs*. Boell; Siller, P. (2019). *Teilhabe ernst nehmen! Konturen einer Politik der öffentlichen Räume und Netze*. V.a. S. 29ff.

16 Siehe zum Beispiel die Beschreibungen im Vorwort von Kersten, J., Neu, C. & Vogel, B. (2022). *Das Soziale-Orte-Konzept*. transcript Verlag.

17 EKD. (7. März 2023). *Anzahl der Mitglieder der evangelischen Kirche in Deutschland von 2003 bis 2022* (in Millionen) [Graph]. In Statista. 05.02.2024; und DBK. (28. Juni 2023). *Anteil der Katholiken an der Bevölkerung in Deutschland von 1950 bis 2022* [Graph]. In Statista. 05.02.2024.

18 bpb. (21. Oktober 2022). *Entwicklung der Mitgliederzahlen der politischen Parteien in Deutschland in den Jahren 1990 bis 2021* [Graph]. In Statista. 05.02.2024.

19 DGB. (15. Februar 2023). *Anzahl der Mitglieder in den Gewerkschaften des Deutschen Gewerkschaftsbunds (DGB) im Zehnjahresvergleich der Jahre 2012 und 2022* [Graph]. In Statista. 05.02.2024.

20 Reckwitz, A. (2017). *Die Gesellschaft der Singularitäten zum Strukturwandel der Moderne*. Suhrkamp.

21 Daubner, L. & Manthe, R. (2023). *Ein kluger Staat gegen die gesellschaftliche Behäbigkeit*. Magazin Progressives Regieren Online. Das Progressive Zentrum. https://www.progressives-zentrum.org/ein-kluger-staat-gegen-die-gesellschaftliche-behaebigkeit/, 21.03.2024.

22 Kersten, J., Neu, C. & Vogel, B. (2022). *Das Soziale-Orte-Konzept*. transcript Verlag. S. 9.

23 Siehe etwa Manthe, R. (2020). *Warum treffen sich soziale Bewegungen? Vom Wert der Begegnung: Interaktionssoziologische Perspektiven auf das Weltsozialforum*. transcript Verlag. Kapitel 6f.

24 Forschungsinstitut Gesellschaftlicher Zusammenhalt. (2024). *Entkoppelte Lebenswelten? Soziale Beziehungen und gesellschaftlicher Zusammenhalt in Deutschland. Erster Zusammenhaltsbericht des FGZ.*

25 Putnam, R. D. (2000). *Bowling alone. The Collapse and Revival of American Community*. Simon & Schuster.

26 Ebd., S. 18ff.

27 Ebd., Kap. 7.

28 More in Common. (2021). *Begegnung und Zusammenhalt: Wo und wie Zivilgesellschaft wirken kann*. S. 19.

29 Allmendinger, J. & Wetzel, J. (2020). *Die Vertrauensfrage. Für eine neue Politik des Zusammenhalts*. Duden Verlag. S. 49.

30 Siehe https://www.deutschlandatlas.bund.de/DE/Home/home_node.html; https://www.landatlas.de, 15.09.2023.

31 https://www.allianz-pro-schiene.de/themen/dossiers/erreichbarkeitsranking/#header8, 15.09.2023.

32 https://www.deutschlandatlas.bund.de/DE/Karten/Unsere-Gesundheitsversorgung/132-PKW-Apotheken.html#_e71cb0gx5, 15.09.2023.

33 https://www.deutschlandatlas.bund.de/DE/Karten/Wie-wir-uns-bewegen/109-PKW-Lebensmittellaeden.html#_tybv7boxt, 15.09.2023.

Zufällige Beobachtung

1 Schönberger, S. (2023). *Zumutung Demokratie*. C.H. Beck.

2 Stellvertretend für viele: https://www.bgmr.de/de/themen/multicodierung und https://gierschmagazin.de/2023/03/10/was-ist-eigentlich-multikodierung-von-flaechen/, 11.09.2023.

3 Senatsverwaltung für Umwelt, V. und K. (2020). *Charta für das Berliner Stadtgrün*.

4 Bundesverband Garten-, Landschafts- und Sportplatzbau. (17. Juni 2020). *Nutzungsabsichten von Grünflächen in deutschen Städten im Jahr 2020 nach Geschlecht* [Graph]. In Statista, 23.03.2024; YouGov. (10. Juni 2017). *Wie wichtig ist es Ihnen, dass im städtischen Raum Grünflächen zur Verfügung stehen?* [Graph]. In Statista, 23.03.2024.

5 Siehe z.B. Rene Hamann in der taz: https://taz.de/Plaedoyer-fuer-eine-Institution/!5518523/, 01.04.2024.

6 Klinenberg, E. (2018). *Palaces for the people. How to build a more equal & united society*. Vintage.; für eine fast schon ethnographische Beschreibung der Bibliothek siehe Iveson, K. & Fincher, R. (2011). *»Just diversity« in the City of Difference*. In G. Bridge & S. Watson (Eds.), The New Blackwell Companion to the City. S. 413ff.

7 hbz. (17. Juli 2023). *Anzahl der Bibliotheken in Deutschland von 2010 bis 2022* [Graph]. In Statista, 28.07.2023.

8 hbz. (17. Juli 2023). *Anzahl der Besuche in öffentlichen Bibliotheken in Deutschland von 2010 bis 2022* (in Millionen) [Graph]. In Statista, 28.07.2023.

9 Siehe etwa die Beispiele im Bibliotheksportal: https://bibliotheksportal.de/informationen/die-bibliothek-als-dritter-ort/auf-dem-weg-zum-dritten-ort/?cn-reloaded=1; oder bei der bpb, die auch das Aufgreifen von Oldenburgs Konzept um 2010 beschreibt: https://www.bpb.de/lernen/digitale-bildung/werkstatt/283868/sozialer-lernort-die-oeffentliche-bibliothek/#footnote-reference-1, beide 30.07.2023; dezidiert auch Susanne Keuchel: Keuchel, S. (2024). *Öffentliche Bibliotheken als Dritte Orte?* In A. Degkwitz & B. Schleihagen (Eds.), *Demokratie und Politik in Öffentlichen und Wissenschaftlichen Bibliotheken*. DeGruyter. S. 69–82.

10 Flyer »*Bibliotheken und Demokratie. Stellungnahme des Deutschen Bibliotheksverbandes e.V. (dbv)*« Mai 2019; Deutscher Bibliotheksverband e.V. (2023): *Öffentliche Bibliothek 2025. Leitlinien für die Entwicklung der Öffentlichen Bibliotheken*.

11 https://www.o-bib.de/bib/article/view/5839/8756, 14.09.2023.

12 Ebd.

13 Dieses Beispiel stammt aus van Vlimmeren, T. (2024). *Bibliotheken und Demokratie.* In A. Dregkwitz & B. Schleihagen (Eds.), Demokratie und Politik in Öffentlichen und Wissenschaftlichen Bibliotheken. DeGruyter. S. 49.

14 Siehe beispielhaft den Band von Dregkwitz und Schleihagen: Degkwitz, A. & Schleihagen, B. (2024). *Demokratie und Politik in Öffentlichen und Wissenschaftlichen Bibliotheken.* DeGruyter.

15 https://oodihelsinki.fi/en/what-is-oodi/, 26.07.2023.

16 Hirschauer, S. (1999). *Die Praxis der Fremdheit und die Minimierung von Anwesenheit. Eine Fahrstuhlfahrt.* Soziale Welt, 50. S. 221–246.

17 Canzler, W. & Knie, A. (2019). *Strategiepapier Autodämmerung. Experimentierräume für die Verkehrswende.*

18 https://www.experi-forschung.de/begegnungsort-statt-parkplatz-inwiefern-koennen-nicht-kommerzielle-parklets-soziale-aktivitaeten-im-strassenraum-foerdern/, 26.09.2023.

19 https://www.lto.de/recht/nachrichten/n/vg-berlin-11l29822-friedrichstrasse-flaniermeile-strassenverkehr-sperrung-rechtswidrig-eilentscheidung-jarasch/, 28.09.2023.

20 Senatsverwaltung für Umwelt, M. V. K. (2022). *Flaniermeile Friedrichstraße. Abschlussbericht April 2022.*

21 https://www.hannover.de/Leben-in-der-Region-Hannover/Politik/Bürgerbeteiligung-Engagement/Innenstadtdialog-Hannover/Mobilitätskonzept-Innenstadt/Aktuelle-Meldungen/Stadt-Hannover-legt-Plan-für-Mobilitätswende-in-der-Innenstadt-vor, 28.09.2023.

22 RWTH Aachen/vhw Bundesverband für Wohnen und Stadtentwicklung e.V. (2017). *Öffentliche Räume in stadtgesellschaftlich vielfältigen Quartieren. Nutzung, Wahrnehmung und Bedeutung.* S. 5.

23 RWTH Aachen/vhw Bundesverband für Wohnen und Stadtentwicklung e.V. (2017). *Öffentliche Räume in stadtgesellschaftlich vielfältigen Quartieren. Nutzung, Wahrnehmung und Bedeutung.* S. 10.

24 RWTH Aachen/vhw Bundesverband für Wohnen und Stadtentwicklung e.V. (2017). *Öffentliche Räume in stadtgesellschaftlich vielfältigen Quartieren. Nutzung, Wahrnehmung und Bedeutung.*

25 Siehe die Darstellungen bei Wiesemann, L. (2015). *Öffentliche Räume und Diversität. Geographien der Begegnung in einem migrationsgeprägten Quartier – das Beispiel Köln-Mülheim.* LIT Verlag., v.a.

Kapitel 2; RWTH Aachen/vhw Bundesverband für Wohnen und Stadtentwicklung e.V. (2017). *Öffentliche Räume in stadtgesellschaftlich vielfältigen Quartieren. Nutzung, Wahrnehmung und Bedeutung.*

26 Wiesemann, L. (2015). *Öffentliche Räume und Diversität. Geographien der Begegnung in einem migrationsgeprägten Quartier – das Beispiel Köln-Mülheim.* LIT Verlag., Kap. 7 & 8.

Sprachlicher Austausch

1 Oldenburg, R. (1989). *The Great Good Place. Cafés, Coffee Shops, Bookstores, Bars, Hair Salons, and other Hangouts at the Heart of a Community.* Marlowe & Company.

2 Statistisches Bundesamt. (22. Mai 2023). *Anzahl der umsatzsteuerpflichtigen Cafés in Deutschland von 2002 bis 2021* [Graph]. In Statista, 03.01.2024; zur geringen Marktkonzentration https://www.ibisworld.com/de/branchenreporte/caf-s-eisdielen/421/, 03.01.2024.

3 https://www.dehoga-bundesverband.de/presse-events/aktuelles-statements/detail/news/dehoga-geschaeftsfuehrerin-ra-sandra-warden-zum-einsatz-von-servicerobotern-in-der-gastronomie-und-der-hotellerie/?L=0&tx_news_pi1%5Bcontroller%5D=News&tx_news_pi1%5Baction%5D=detail&cHash=9f0b96f2b07af7a2ca557b887adaedc0; https://www.tagesschau.de/wirtschaft/unternehmen/gastronomie-personalmangel-101.html; https://www.dehoga-bundesverband.de/zahlen-fakten/beschaeftigungsentwicklung/, alle 03.01.2024.

4 Statistisches Bundesamt. (22. Mai 2023). *Anzahl der umsatzsteuerpflichtigen Unternehmen in der Gastronomie in Deutschland von 2002 bis 2021* [Graph]. In Statista, 03.01.2024.

5 Oldenburg, R. (1989). *The Great Good Place. Cafés, Coffee Shops, Bookstores, Bars, Hair Salons, and other Hangouts at the Heart of a Community.* Marlowe & Company, S. 110 für das Zitat, Kapitel 5 und 7 für Biergärten und Pubs.

6 https://www.dehoga-bundesverband.de/zahlen-fakten/anzahl-der-unternehmen/, 22.02.2024.

7 Kieserling, A. (1999). *Kommunikation unter Anwesenden. Studien zur Interaktionssoziologie.* Suhrkamp. S. 184ff., 412f.

8 Mit Einordnung der historischen Veränderungen dieser Räume Oldenburg, R. (1989). *The Great Good Place. Cafés, Coffee Shops, Bookstores,*

Bars, Hair Salons, and other Hangouts at the Heart of a Community. Marlowe & Company. Kapitel 7.

9 Luhmann, N. (1997). *Die Gesellschaft der Gesellschaft.* Suhrkamp. S. 205ff.

10 Hahn, A. (1989). *Verständigung als Strategie.* In M. Haller, H.-J. Hoffmann-Nowotny & W. Zapf (Eds.), *Kultur und Gesellschaft: Verhandlungen des 24. Deutschen Soziologentags, des 11. Österreichischen Soziologentags und des 8. Kongresses der Schweizerischen Gesellschaft für Soziologie in Zürich 1988.* Campus. S. 346–359.

11 https://www.welt.de/regionales/nrw/article181277202/Kiosksterben-in-Deutschland-2000-Geschaefte-weniger-in-zehn-Jahren.html, https://www.globis-consulting.com/reports/kioskstudie-marktubersicht-betreiber-und-kioskshopper/, 26.02.2024.

12 ZDH. (9. Mai 2023). *Anzahl der Betriebe im Friseurhandwerk in Deutschland von 2000 bis 2022* [Graph]. In Statista, 26.02.2024.

13 Bundesagentur für Arbeit. (17. Juli 2023). *Anzahl der sozialversicherungspflichtig beschäftigten Friseure in Deutschland von 2012 bis 2022* [Graph]. In Statista, 26.02.2024.

14 Statistisches Bundesamt. (24. März 2023). *Anzahl der Unternehmen im Einzelhandel mit Büchern in Deutschland in den Jahren 2002 bis 2021* [Graph]. In Statista, 02.01.2024.

15 Statista. (2022). *Buchmarkt Statistik-Report zum Buchmarkt.*

16 Statistisches Bundesamt. (30. Juni 2022). *Anzahl der Unternehmen im Einzelhandel mit Büchern in Deutschland nach Umsatzgrößenklassen im Jahr 2020* [Graph]. In Statista, 02.01.2024.

17 https://www.bpb.de/die-bpb/ueber-uns/auftrag/51310/beutelsbacher-konsens/, 03.11.2023.

18 Hufer, K.-P. (2021). *Politische Bildung in der Erwachsenenbildung.* In W. Sander & K. Pohl (Eds.), Handbuch Politische Bildung. Wochenschau Verlag.

19 Hafeneger, B. (2021). *Politische Bildung in der außerschulischen Jugendarbeit.* In W. Sander & K. Pohl (Eds.), Handbuch Politische Bildung. Wochenschau Verlag.

20 Ein Beispiel für eine Gesprächskasse portraitiert More in Common in ihrem Journal: More in Common Deutschland. (2023). *Begegnungsradar. Ein Magazin aus der Werkstatt für Begegnung und Zusammenhalt* (Vol. 1). More in Common.

21 Kurzdarstellung bei Initiator Shai Hoffmann https://shaihoffmann.de/portfolio/busderbegegnungen/, 01.04.2024; Einen Eindruck

von der Arbeit der Initiative gibt es auch im Film »Egal gibt es nicht« von Florian Hoffmann: https://de.wikipedia.org/wiki/Egal_gibt_es_nicht, 02.01.2024.

22 https://offenegesellschaft.org/tdog/, 02.01.2024.

23 https://www.zeit.de/2019/34/armin-falk-deutschland-spricht-zuhoeren-verhaltensforschung; ausführlich https://news.briq-institute.org/de/2019/08/14/deutschland-spricht/, alle 02.01.2024.

24 Blattner, A. & Koenen, M. (2023). *Does Contact reduce Affective Polarization? Field Evidence from Germany*.

Wiederkehrende Begegnung

1 Siller, P. (2019). *Teilhabe ernst nehmen! Konturen einer Politik der öffentlichen Räume und Netze.*

2 https://www.zeit.de/2013/28/bildungsungerechtigkeit-bildungspolitik/komplettansicht, 10.01.2024; einen neueren Einblick in die Beweggründe von Eltern: https://www.zeit.de/zeit-magazin/familie/2024-01/privatschulen-schulsystem-personalmangel-grossstaedte-soziale-spaltung, 19.01.2024.

3 Helbig, Ma. (2023). *Hinter den Fassaden. Zur Ungleichverteilung von Armut, Reichtum, Bildung und Ethnie in den deutschen Städten.*; visualisiert auf ZeitOnline: https://www.zeit.de/wirtschaft/2023-12/armut-deutschland-verteilung-grossstaedte, 12.01.2024.

4 https://www.frankfurter-hefte.de/artikel/keine-schule-fuer-alle-2770/, 12.01.2024.

5 Zusammenfassend von Kai Maaz: https://www.bpb.de/themen/bildung/dossier-bildung/322528/ursachen-von-bildungsungleichheiten/, 12.01.2024; ähnlich: Wößmann, L., Schoner, F., Freundl, V. & Pfaehler, F. (2023). *Der ifo-»Ein Herz für Kinder«-Chancenmonitor.*

6 Luhmann, N. (1975). *Legitimation durch Verfahren.* Suhrkamp. S. 75–82.

7 Auch das hat Luhmann mit derselben Theoriefigur bereits beschrieben, siehe Luhmann, N. (2016). *Der neue Chef.* Suhrkamp.

8 Luhmann, N. (1964). *Funktion und Folgen formaler Organisation.* Duncker & Humblot. S. 268ff.

9 https://www.tagesschau.de/wirtschaft/arbeitsmarkt/homeoffice-deutschland-100.html;%20https:/www.ihk.de/berlin/politische-positionen-und-statistiken-channel/arbeitsmarkt-beschaeftig

ung/fachkraeftesicherung/digitalisierung-der-arbeitswelt/ihk-kurzumfrage-home-office-neue-normalitaet-oder-4876982, alle 17.01.2024.

10 Das bestätigt auch eine Studie, die WeWork in den USA, Kanada, Mexiko und Großbritannien durchgeführt hat: https://www.wework.com/de-DE/ideas/research-and-insights/the-impact-of-working-from-home-on-collaboration, 17.01.2024.

11 DSSV, & Deloitte. (30. März 2023). *Anzahl der Anlagen in der Fitnessbranche in Deutschland von 2008 bis 2022* [Graph]. In Statista, 19.01.2024.

12 DSSV. (30. März 2023). *Anzahl der Mitglieder der Fitnessstudios in Deutschland von 2003 bis 2022* (in Millionen) [Graph]. In Statista, 19.01.2024.

13 Statista. (26. August 2016). *Welche der folgenden Leistungen und Angebote nutzen/haben Sie regelmäßig in Ihrem Fitnessstudio genutzt?* [Graph]. In Statista, 19.01.2024.

14 https://www.maerkische-schweiz-naturpark.de/themen/regionale-spezialitaeten/dorfladen-und-cafe-schloss-trebnitz/, 19.01.2024.

15 https://www.schloss-trebnitz.de/dorfzentrum-trebnitz/; in den Medien: https://rbb24.de/studiofrankfurt/beitraege/2022/01/dorfladen-konsum-trebnitz-schloss-reionaleprodukte.html; https://www.deutschlandfunkkultur.de/patentrezept-zum-ueberleben-dorflaeden-koennen-es-schaffen-dlf-kultur-eadf8dae-100.html, alle 19.01.2024.

16 https://www.spiegel.de/panorama/gesellschaft/sigmarswangen-dorfladen-muss-schliessen-liquidatorin-ein-schreckliches-wort-a-073d4dff-ed35-4731-b0f4-db9010781e9e, 25.03.2024.

17 https://www.sueddeutsche.de/geld/singapur-auf-gute-nachbarschaft-1.4349074, https://www.sueddeutsche.de/geld/singapur-auf-gute-nachbarschaft-1.4349074, beide 22.01.2024.

18 https://www.nzz.ch/international/asien-und-pazifik/eine-stadt-strebt-nach-oben-ld.98568; https://www.falstaff.com/living/news/wie-singapur-zur-nachhaltigsten-stadt-werden-will, alle 22.01.2024.

19 In Berlin sind es etwa nur 11 %: https://www.berliner-mieterverein.de/magazin/online/mm1121/die-genossenschaftsfoerderung-wirkt-nicht-wie-sie-soll-112114.htm, 25.03.2023.

20 https://www.bipar.de/buergerbeteiligung-in-singapur/, 22.01.2024.

Gemeinsame Aktivität

1 Im Sozialismus war diese Praxis weit verbreitet, siehe Ypi, L. (2022). *Frei. Erwachsenwerden am Ende der Geschichte.* Suhrkamp.

2 Oldenburg, R. (1989). *The Great Good Place. Cafés, Coffee Shops, Bookstores, Bars, Hair Salons, and other Hangouts at the Heart of a Community.* Marlowe & Company. Kapitel 8.

3 Eine bebilderte Übersicht gibt es bei chess.com https://www.chess.com/blog/RoaringPawn/momonabreak-chessing-in-the-luxembourg-gardens, 05.03.2024.

4 Manthe, R. (2020). *Warum treffen sich soziale Bewegungen? Vom Wert der Begegnung: Interaktionssoziologische Perspektiven auf das Weltsozialforum.* transcript Verlag. Kap. 9.

5 Putnam, R. D. (2000). *Bowling alone. The Collapse and Revival of American Community.* Simon & Schuster. S. 339f.

6 Schubert, P., Kuhn, D. & Tahmaz, B. (2023). *ZIVIZ-Survey 2023. Zivilgesellschaftliche Organisationen im Wandel – Gestaltungspotenziale erkennen. Resilienz und Vielfalt stärken.*

7 IfD Allensbach. (19. Juni 2023). *Anzahl der Personen in Deutschland, die ehrenamtlich tätig sind, von 2019 bis 2023* (in Millionen) [Graph]. In Statista, 24.01.2024.

8 Bocksch, R. (2022). *Vor allem die Älteren engagieren sich ehrenamtlich.* In Statista, 23.02.2024.

9 Stifterverband für die Deutsche Wissenschaft. (20. März 2023). *In welchem Bereich ist Ihre Organisation überwiegend aktiv?* [Graph]. In Statista, 05.03.2024.

10 Schubert, P., Kuhn, D. & Tahmaz, B. (2023). *ZIVIZ-Survey 2023. Zivilgesellschaftliche Organisationen im Wandel – Gestaltungspotenziale erkennen. Resilienz und Vielfalt stärken.*

11 VuMA (17. November 2021). *Ehrenamtliche in Deutschland nach Altersgruppen im Vergleich mit der Bevölkerung im Jahr 2021* [Graph]. In Statista, 05.03.2024; VuMA (17. November 2021). *Ehrenamtliche in Deutschland nach höchstem Schulabschluss im Vergleich mit der Bevölkerung im Jahr 2021* [Graph]. In Statista, 05.03.2024; VuMA (17. November 2021). *Ehrenamtliche in Deutschland nach Berufsausbildung im Vergleich mit der Bevölkerung im Jahr 2021* [Graph]. In Statista, 05.02.2024; VuMA (17. November 2021). *Ehrenamtliche in Deutschland nach beruflicher Stellung heute oder früher im Vergleich mit der Bevölkerung im Jahr 2021* [Graph]. In Statista, 05.03.2024; VuMA (17.

November 2021). *Ehrenamtliche in Deutschland nach Haushaltsnettoeinkommen im Vergleich mit der Bevölkerung im Jahr 2021* [Graph]. In Statista, 05.03.2024.

12 Krause, L. & Gagné, J. (2019). *Die andere deutsche Teilung: Zustand und Zukunftsfähigkeit unserer Gesellschaft.* www.moreincommon.de, S. 66f.

13 Schubert, P., Kuhn, D. & Tahmaz, B. (2023). *ZIVIZ-Survey 2023. Zivilgesellschaftliche Organisationen im Wandel – Gestaltungspotenziale erkennen. Resilienz und Vielfalt stärken.*

14 https://www.zeit.de/sport/2024-03/sportvereine-mitglieder-ehrenamt-kosten, 25.03.2024.

15 https://de-1statista-1com-1007e56gg0a94.erf.sbb.spk-berlin.de/statistik/daten/studie/215312/umfrage/gesamtmitgliederzahl-deutscher-sportvereine/, 25.01.2024.

16 https://www.zeit.de/sport/2024-01/sportvereine-engagement-demokratie, 29.01.2024.

17 Schubert, P., Kuhn, D. & Tahmaz, B. (2023). *ZIVIZ-Survey 2023. Zivilgesellschaftliche Organisationen im Wandel – Gestaltungspotenziale erkennen. Resilienz und Vielfalt stärken.*

18 Statista Dossier. (2023). *Religion in Deutschland und weltweit.*

19 Diverse Quellen (Forschungsgruppe Weltanschauungen in Deutschland). (1. Oktober 2008). *Regelmäßiger Kirchgang der Kirchenmitglieder von 1952 bis 2006 (in Prozent)* [Graph]. In Statista, 05.03.2024.

20 Statista Dossier. (2023). *Religion in Deutschland und weltweit.*

21 https://www.zeit.de/2024/13/hilfbereitschaft-solidaritaet-gefluechtete-religion-studie/seite-3, 25.03.2024.

22 Klinenberg, E. (2018). *Palaces for the people. How to build a more equal & united society.* Vintage. Kap. 6.

23 https://www.bbsr.bund.de/BBSR/DE/forschung/programme/refo/staedtebau/2020/urban-gardening/01-start.html?pos=2, 26.01.2024.

24 Zahlreiche Beispiele finden sich hier: https://www.stiftungbildung.org/patenschaft-kind/ oder beim Bundesverband Deutscher Stiftungen https://www.stiftungen.org/verband/was-wir-tun/initiativen-und-projekte/patenschaften-und-mentoring/patenschaftsprogramm-chancenpatenschaften.html, alle 05.03.2024.

25 Sehr kundig z.B. von Hans Bellstedt: Bellstedt, H. (2023). *Die Vermessung der Freiheit.* Otto Meißner Verlag.

26 https://www.volkshochschule.de/pressemitteilungen/2024/pm-volkshochschulen-im-aufwaertstrend.php, 29.01.2024.

Digitale Begegnung und Demokratie – die Zukunft?

1 https://www.bidt.digital/bidt-digitalbarometer-international-deutschland-liegt-bei-digitalen-kompetenzen-zurueck/, 08.03.2024.

2 Siehe ausführlich die Studie zur digital skill gap: https://initiatived21.de/presse/studie-digital-skills-gap-digitale-kompetenzen-mehrheit-mangelt-es-an-verständnis-für-technische-zusammenhänge, 08.03.2024.

3 Meßmer, A.-K., Sängerlaub, A. & Schulz, L. (2021). *»Quelle: Internet«? Digitale Nachrichten-und Informationskompetenzen der deutschen Bevölkerung im Test.*

4 Z.B. hier https://netzpolitik.org/2018/cambridge-analytica-was-wir-ueber-das-groesste-datenleck-in-der-geschichte-von-facebook-wissen/, 10.03.2024.

5 Bernhard, L., Schulz, L., Unzicker, K. & Berger, C. (2024). *Verunsicherte Öffentlichkeit. Superwahljahr 2024: Sorgen in Deutschland und den USA wegen Desinformationen.* Bertelsmann Stiftung.

6 https://www.mdr.de/wissen/filterblasen-forschung-google-politik-100.html, 09.03.2024.

7 https://www.tagesspiegel.de/wissen/filterblase-und-echokammer-polarisieren-facebook-und-instagram-wirklich-10240735.html, 09.03.2024.

8 https://medieninsider.com/alexandra-borchardt-03-filterbubbles-echokammern/2225/, 09.03.2024.

9 So der Name der Software bei Liquid Democracy, siehe https://adhocracy.plus, 11.03.2024.

10 https://consul.mehr-demokratie.info, 11.03.2024.

11 https://youtu.be/UcJz6wI019U?si=OloEooOHm475topk, 26.03.2024.

12 Z.B. in Vorarlberg: https://www.citizenlab.co/blog/case-study-de/vorarlberg-transformiert-den-buergerrat-online-beteiligung/?lang=de, 11.03.2024.

13 Manthe, R. (2020). *Warum treffen sich soziale Bewegungen? Vom Wert der Begegnung: Interaktionssoziologische Perspektiven auf das Weltsozialforum.* transcript Verlag.

Für eine Politik der Begegnung

1 https://www.begegnungsfonds.de/startseite, 13.03.2024.

2 Siehe auch den Vorschlag im Bericht der Expert:innenkommission Sicherheit im Wandel: https://www.sicherheitimwandel.de.